주요
기도문
풀이

주요 기도문 풀이

1961년 3월 1일 교회 인가
1961년 3월 18일 초판 1쇄 펴냄
1998년 3월 25일 개정판 1쇄 펴냄
2019년 5월 31일 개정 2판 1쇄 펴냄
2025년 12월 12일 개정 2판 8쇄 펴냄

지은이 · 박도식
펴낸이 · 정순택
펴낸곳 · 가톨릭출판사
편집 겸 인쇄인 · 김대영
편집 · 김지영, 박다솜, 박도연, 허유정
디자인 · 이사랑, 강해인, 우지수, 이경숙, 정호진
마케팅 · 임찬양, 안효진, 황희진, 노가영, 이영실

본사 · 서울특별시 중구 중림로 27
등록 · 1958. 1. 16. 제2-314호
전자우편 · edit@catholicbook.kr
전화 · 1544-1886(대표 번호)
지로번호 · 3000997

ISBN 978-89-321-1611-2 03230

값 10,000원

ⓒ 가톨릭출판사, 2003.
성경·전례문 ⓒ 한국천주교중앙협의회.

이 책은 저작권법에 의해 보호를 받는 저작물이므로 무단 전재와 무단 복제를 금합니다.

가톨릭의 모든 도서와 성물, 디지털 콘텐츠를 '가톨릭북플러스'에서 만날 수 있습니다.
https://www.catholicbookplus.kr | (02)6365-1888(구입 문의)

주요 기도문 풀이

박도식 신부 지음

가톨릭출판사

수정판을 내면서

하루는 어떤 열심한 신입 교우가 기도문 끝에 나오는 "아멘"이라는 말이 무슨 뜻인지 물으러 온 적이 있었습니다. 저는 이 물음에 어리둥절했습니다. 그렇게 자주 바치는 "아멘"을 그 뜻도 모른 채 죽죽 외우기만 한다는 것을 생각할 때……. 그래서 저는 1961년에 사제 서품 기념판으로《십이단 풀이》라는 소책자를 낸 바 있습니다.

그러나 그간 제2차 바티칸 공의회 이후 교회 쇄신과 더불어 기도문의 새로운 번역으로 옛날 '십이단' 대신에 '가톨릭 주요 기도문'이 나오게 되었습니다. 그래서 그전에 나온 것에 몇 가지 수정을 첨부하여《주요 기도문 풀이》라는 책으로 새로운 판을 내게 되었습니다.

가톨릭의 모든 기도문의 뜻을 다 알아들을 수는 없습니다. 그러나 매일같이 바치는 간단한 기도문조차 그 뜻을 모른다면, 뜻 모르고 바치는 그 기도가 어떻게 될 것입니까? 뜻을 알고 기도를 바치는 사람과 뜻도 모르고 바치는 사람을 비교해 볼 때, 그 기도의 깊이와 결과가 서로 다를 것은 뻔한 일이 아니겠습니까?

　그런데, 누구든지 가톨릭 교회로 들어오시는 분들이 먼저 부딪치는 문제는 '주요 기도문'입니다. '주요 기도문'의 과정을 거치지 않고는 가톨릭의 문을 통과할 수 없을 정도로, 가장 기초이면서도 가장 필요하고 중요한 위치에 놓여 있습니다. 그럼에도 불구하고, 가톨릭 교리 해설책은 우리가 찾아볼 수 있으나, '주요 기도문'을 풀이한 책이 아직도 없었다는 것은 대단히 유감스런 일입니다.

　그리하여 오랫동안 '주요 기도문'의 필요성을 느껴 오던 중, 비록 힘 없는 사람이지만, 한번 용단을 부려 보았습니다. 그러나 막상 '주요 기도문 풀이'를 위해 펜을 들고 보니, 너무나 어마어마한 문제임을 깨닫지 않을 수 없었습니다. 왜냐하면 짧은 '주요 기도문'이지만, 그 안에는 가톨릭의 모든 교리가 요약되어 있기 때문입니다. '사도 신경'에는 '믿을 교리 편'이 거의 다 들어 있고, '천주 십계'에는 '계명 편'이 다 실려 있기 때문입니다. 그러나 이것을 각각 자세하게 풀이한 교리책은 따로 있고, 또 처음으로 '주요 기도문 풀이'를 공부하시는 분에게 이것을 모두 밝힐 수 없음을 생각하고, 다만 어려운 말마디를 풀어 밝히는 정도로 그치고자 합니다.

신입 교우 여러분께서, 그리고 이미 입교한 교우 여러분께서도, 미약한 이 작은 책자에서 조금이라도 도움을 받으신다면, 저로서는 이것보다 더 큰 기쁨은 또 없겠습니다.

하느님의 풍성한 강복을 빕니다.

— 1967년 12월 8일 / 지은이

다시 수정판을 내면서

1961년 3월 18일 사제품을 받으면서 저의 첫 작품으로 《십이단 풀이》라는 소책자를 낸 바 있습니다. 그동안 40여 년간 세월이 흐르면서 교회의 많은 변화와 함께 기도문의 변화도 많았습니다.

시대적인 뜻에 응해서 금년도에 다시 수정된 기도문에 따라서 또다시 판을 새롭게 하지 않을 수 없었습니다.

그동안 베풀어 주신 독자들의 호의에 감사드리며 주님의 은총을 기원합니다.

―1998년 3월 18일 사제 서품 37주년에 / 지은이

머리말

　사람을 일컬어 "사회적 동물"이라 한다. 이것은, 사람이란 혼자서 살 수 없고, 언제나 가족과 함께 살고, 이웃과 더불어 살면서, 집안에서는 한 사람의 가족이 되고, 동네에서는 한 마을 사람이 되며, 한 걸음 나아가면, 국가의 한 국민이 되고 세계의 한 사람이 되어, 많은 사람들의 모임 속에서 단체 생활을 하는 것이 곧 사람이란 말이다. 사람들의 모임 속에서 살기 때문에, 우리는 하루라도 사람들을 만나지 않고는 살 수 없다.

　우리는 사람들을 만날 때, 그대로 눈으로만 흘깃 보고 그만두는 것이 아니고, 모든 예의를 갖추어 인사를 하고, 다음에 그동안 하지 못했던 모든 이야기를 주고받는다.

아무리 친한 친구 사이라도, 말할 수 있는 기회가 줄어들면, 차차 그 사이는 멀어지기 시작한다. 가끔 만나서 자주 이야기하는 사이일수록 더욱 친하게 되고, 서로의 사정을 잘 알게 마련이다.

우리는 때때로 "아는 사람", "모르는 사람"이라는 말을 하는데, "아는 사람"이라고 하는 것은, 그 사람의 신분을 알고, 만나면 서로 인사하고, 어려울 때 서로 돕고, 즐거울 때는 같이 즐기는 사람들을 일컫는 것이고, "모르는 사람"이라고 할 때는, 그 사람과 인사한 적도 없고, 말을 건네 본 적도 없는 사람을 말한다. "아는 사람"이 많은 사람은, 그만큼 사회적 활동 분야가 넓고, 그의 사람됨이 보통 사람과는 다르다고 할 수 있겠으나, 이것보다 더 중대한 것은, 내가 아는 사람이 어떤 됨됨이의 사람인가 하는 문제이다. 내가 아는 사람들이 사회의 불량배뿐이라면, 나도 역시 그런 부류의 사람임에 틀림없다. 그리고 또 하나는, 내가 사람을 알되, 얼마만큼 친밀한 사이인가 하는 문제이다. 이 친밀감은, 항상 같이 이야기하고 접촉이 많을수록 더욱 커지게 된다.

우리의 됨됨이는, 우리가 아는 그 사람이 어떤 인품의

사람이며, 그와의 교제가 얼마나 잦아지느냐에 따라 결정된다. 다시 말하면, 내가 아는 그 사람이 학식이 풍부한 사람이면, 그 사람한테서 나는 앎을 얻을 것이요, 재산이 많은 사람이면, 때때로 필요할 때 그 사람으로부터 물질의 도움을 받는다. 이와 반대로, 나 역시 내가 아는 다른 이에게 내가 가진 것을 주게 된다. 이렇게 해서 우리의 사회는 이루어지고, 사회의 미풍이 거기에서 싹 트게 된다. 이런 사회에서만 우리는 서로 믿고 의지하면서 현세의 생활을 영위해 나갈 수 있다.

또 다른 말로 사람을 일컬어 "종교적 동물"이라고 한다. 이 말은 사람이 사회를 떠나 외톨이로 살 수 없는 것과 마찬가지로, 종교를 떠나서, 즉 하느님을 떠나서는 살 수 없다는 말이다. 사람의 가치는 하느님을 아는 데 있다. 그래서 하느님을 모르는 다른 동물들과 구별해서, 사람을 "하느님을 아는 동물"이라 한다.

우리가 "하느님을 안다."는 말은 "사람을 안다."는 말과 비슷한 의미를 갖는다. 왜냐하면, 우리가 "아는 사람"이라 할 때는 그와 자주 만나 서로 인사하고, 서로 이야기하는 것과 같이, 우리가 "하느님을 안다." 할 때도 하느님과 접촉하여(물론 사람과 하는 접촉과는 달리), 하느님께 인사할 줄 알고, 그분과 이야기할 줄 아는 처지에 있어야만 참으로 하느님을 안다고 할 수 있기 때문이다.

이 세상에서 어떠한 일도 쉽게 할 수 있고, 어떠한 불행도 행복되게 할 수 있으며, 모든 병도 다 치료할 수 있고, 죽은 사람을 살리고, 또 사람으로 하여금 죽지도 않도록 하는, 그런 전능한 힘을 가진 사람이 있다고 생각해 보자! 그렇다면 우리는 만사를 제쳐놓고 그를 찾아가, 그와 더불어 친교를 맺어 그에게 여러 가지 도움을 청하려, 있는 힘을 다 쏟을 것이다. 오래도록 비가 오지 않아 모든 농작물이 메말라 죽는 것을 보고도, 마음만 답답할 뿐 비를 오게 하는 것조차도 못하는, 힘 없는 우리 인간에게 과연 이 모든 것을 하실 수 있는, 정말 그처럼 전능하신 분이 계실까? 그렇다! 이 세상이 있다는 것은 곧 이 세상을 만드신 주인이 있다는 것을 말한다. 이 세상 주인은, 마치 집주인이 자기 집의 모든 것을 마음대로 처분할 수 있듯이, 세상의 모든 것을 마음대로 처리할 수 있는 능하신 분이다. 이분이 곧 하느님이시다. 그렇다면 우리는 하느님을 알아야 할 것이고, 그분과 친해진 다음, 그분께 달려가, 우리가 하고 싶은 모든 이야기를 해서, 우리의 모든 불행을 없애도록 있는 힘을 다 쏟아야 한다. 우리는 다른 이들을 도와주고 싶어도 우리의 힘이 모자라서 도와주지도 못하고, 도움을 받지도 못하는 경우가 얼마나 많은가? 그러나 모든 것을 마음대로 하실 수 있는 하느님께 나아가 올바르게만 이야기한다면, 될 수 없는 일은 하나도 없을 것이다. 그러니 우리는 사람을 알기보다 먼저 전능하신 하느님을 알아 그분께 달려가야 한다.

우리가 사람을 안 다음 그와 인사하고 이야기하듯이, 이제 하느님을 알아서, 그분께 우리가 해야 할 모든 인사 범절을 예의 있게 갖추고, 그분과 더불어 이야기하면서, 우리의 사정을 털어놓고, 잘못된 것은 용서를 청하고 또 필요한 것을 간구해야 하는데, 이것을 우리는 '기도'라고 한다. 그러니 기도는 한마디로 하느님과 이야기하는 것, 하느님과 교제하는 것이다. 우리가 아는 그의 됨됨이가 훌륭하면 그를 아는 우리의 인품도 고상해진다고 말했다. 그렇다면, 세상 모든 것의 주인이시며, 모든 선善과 아름다움의 원천이신 하느님을 우리가 안다면, 하느님을 아는 우리의 인품은 사람이 가질 수 있는 최고의 인품이 아닐 수 없다.

　우리는 사람들과의 교제를 위해서도 어릴 때부터 인사 범절을 배운다. 그런데 하느님과의 교제는 이웃이나 친구 사이에서 하는 그런 교제와는 달라야 한다. 그분은 사람이 아니고 하느님이시기 때문이다. 그러므로 우리는, 하느님과 할 수 있는 특별한 교제 방법을 배우지 않으면, 하느님과 올바르게 이야기할 수 없다.

　이 방법을 간단히 말한다면 다음과 같다. 우리가 하느님과 이야기하고자 하거든 먼저 진정으로 우리의 마음을 하느님께로 돌려 그분께 마땅한 예의를 갖추어 인사해야 한다. 이것을 흠숭이라 한다. 다음에는, 다른 말씀을 올리기 전에 먼저 지난날 받은 은혜에 대해서 고마움을 표시하는 감사의 말씀을 올려야 한다. 그리고 우리 자신을 반성해서, 우리는 언제나 하느님 앞에 죄인임을 의식하고, 하느님께 죄지은 것을 용서를 청해야 한다. 이렇게 인사를 하고, 감사를 드리고, 용서를 청한 다음, 이제 마지막으로 "저에게 필요한 모든 것, 이웃이나 세상 사람들에게 필요한 새로운 은혜를 주십시오."하고 말씀을 올려야 한다. 이것이 사람이 하느님께 해야 하는 교제 방법,

즉 기도의 양식이다.

우리는 이러한 모양으로 때때로 기도해야 한다. 접촉이 잦아 이야기를 서로 주고받음으로써 더욱 친근한 사이가 되듯이, 우리에게 모든 것을 주실 수 있는 전능하신 하느님과 자주 접촉해서 친교를 깊이 맺어야 한다. 무엇보다 힘 없는 내 자신을 생각해서라도, 하느님께로 나아가 마음의 문을 활짝 열어, 모든 사정을 숨김없이 이야기하고 도움을 받아야 함은 당연하다. 더구나 하느님께서도 기도할 것을 우리에게 권고하셨고, 또 친히 기도문을 지어 주시기까지 하셨으니, 우리는 마땅히 기도할 줄 아는 사람이 되어야한다.

그러면 기도를 요구하시는 하느님의 말씀을 들어 보기로 하자. 사람이 되신 성자 예수님의 말씀이 기록된 성경에는 "낙심하지 말고 끊임없이 기도해야 한다."(루카 18,1)라고 쓰여져 있다. 이것은 기회 있는 대로 자주자주 기도하란 말씀이다. 그리고 기도를 하되 어떤 정신으로 해야 하고, 또 기도를 하면 어떤 결과가 나올 것인가를 말씀하시며, "청하여라, 너희에게 주실 것이다. 찾아라, 너희가 얻을 것이다. 문을 두드려라, 너희에게 열릴 것이다. 누구든지 청하는 이는 받고, 찾는 이는 얻고, 문을 두드리는 이에게는 열릴 것이다."(마태 7,7-8)라고 하셨다. 걸인이 구걸을 할 때는 무언가를 얻을 때까지 줄곧 애걸을 계속해야 한다. 문을 두드리는 소리를 듣고도 주인이 문을 열지 않을 때는, 문이 열릴 때까지 계속 두드리란 말씀이다. 우리가 하느님께 기도하는 것도 이와 같이 문이 열릴 때까지 계속해서 꾸준히 하라는 말씀이다. 우리나라 격언에도 "울지 않는 아이에게 젖 안 준다."라는 말이 있듯이, 우리가 하느님께 젖을 얻어먹기 위해서는 울어야 한다. 하느님께서는 겸손되게 계속 울면, 문을 열고 맛난 젖을 주시겠다고 약속하셨다.

이상으로 우리는, 기도가 무엇인지, 왜 기도를 해야 하는지, 기도를 하되 어떤 태도로 해야 할지 하는 문제를 대략 알았다. 그러나 한 가지 남은 것은, 우리가 하느님께 기도할 때, 즉 하느님과 이야기할 때 실제로 무슨 말로 해야 할 것인가 하는 문제이다. 사람과의 교제에 있어서도 인사의 말마디를 배워야 한다면, 하느님께 대해서도 그 말마디를 배우지 않고는 똑바로 이야기할 수 없다. 그래서 우리 교회는 "낙심하지 말고 끊임없이 기도해야 한다."하신 주님의 말씀에 따라, 기도할 줄 모르는 우리에게 가장 적절한 기도문을 만들어 주었다. 그래서 우리는 하루에 몇 번이라도, 생각만 있으면 쉽게 기도할 수 있게 되었다. 교회는 얼마나 인자한 어머니인가!

우리는 '아침 기도' 또는 '저녁 기도' 등등 얼마든지 우리에게 필요한 기도문이 있어 언제라도 쉽게 기도할 수 있다.

그런데 교회에서 가르쳐 준 많은 기도문 중에서 가장 쉽고 또한 짧게 되어 있어, 누구라도 외워서 언제라도 기도할 수 있도록 되어 있는, 기도문 중에서도 가장 중심이 되는 기도문이 바로 여기에 소개하는 '가톨릭 주요 기도문' 이다. 이것은 너무나 중요한 기도문이기 때문에 가톨릭의 다른 기도문을 알기 전에 제일 먼저 알아야 한다. 또한, 책으로 읽을 것이 아니라, 머리 속에 그대로 새겨 외워 두어야 한다.

차례

수정판을 내면서 / 5
다시 수정판을 내면서 / 9
머리말 / 11

성호경

27

1. 십자 성호를 긋는 법 / 28
2. 성호경이 가지는 두 가지 뜻 / 29
3. 십자 성호의 종류와 유래 / 30
4. 성호경의 힘 / 32

주님의 기도

35

성모송

46

영광송
53

사도 신경
55

반성 기도
69

십계명
71

고백 기도
82

통회 기도
88

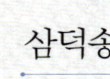

삼덕송

1. 신덕송 / 93
2. 망덕송 / 96
3. 애덕송 / 97

봉헌 기도

삼종 기도

부활 삼종 기도

묵주 기도

1. 환희의 신비 / 123
2. 빛의 신비 / 126
3. 고통의 신비 / 130
4. 영광의 신비 / 134

식사 전 기도
139

식사 후 기도
141

일을 시작하며 바치는 기도
144

일을 마치고 바치는 기도
147

아침 기도
148

저녁 기도
154

고해성사
160

주요 기도문 풀이

실제 기도문과 그 풀이

성호경

(십자 성호를 그으며)

성부와 성자와 성령의 이름으로.

아멘.

성호경聖號經을 때로는 십자 성호경이라고도 하는데, 거룩한 십자十字를 그으면서 외우는 기도문이란 말이다. 우리가 어떠한 기도를 바치든지 이 성호경으로 시작하고, 끝낼 때도 언제든지 성호경으로 끝낸다. 성호경은 비단 기도할 때뿐 아니라, 밥 먹기 전과 밥 먹은 다음, 잠 자기 전과 아침에 일어난 다음, 이 밖에도 갖가지 일을 하기 전과 한 후에 언제나 바치는, 기도문 중에서 가장 짧지만 가장 요긴한 기도문이다.

 이 기도문의 의미는, 우리가 모든 일을 하되 우리의 힘이나 우리의 이름으로 하는 것이 아니고, 성부聖父·성자聖子·성령聖靈의 이름으로 한다는 말이다. 여기서 말하는 성부·성자·성령은 하느님께서 세 분이란 뜻이 아니고, 하느님은 한 분이시나 성부·성자·성령의 세 위격을 가지고 계시다는 말이다. 이것은 하느님께서 직접 우리에게 가르쳐 주신 삼위일체三位一體 교리이며, 또한 사람이 알아듣기 어려운 가톨릭의 교리이다. 그래서 이것은 교리 연구 시간에 특별히 연구해야 할 것이다.

1. 십자 성호를 긋는 법

 성호는 교회의 전례에 따라, 다음과 같이 그어야 한다. 즉 왼손을 먼저 가슴에 붙이고, 오른 손가락을 모두 펴 한데 모아 이마에서 "성부와", 가슴에서 "성자와", 왼편 어깨에서 "성", 오른편 어깨에서 "령의"하여 십자를 이루어야 한다. 이와 같이 "성부와 성자와 성령의"라고 외우면서 십자를 이룬 후에는 즉시 오른손과 왼손을 가슴에 합장하여 붙이면서 성호경의 남은 부분 "이름으로. 아멘."을 염할 것이다. 그러나 이때 합장한 손을 가슴에 대지 말고 오직 손가락을 펴 모으고, 오른손 엄지손가락은 왼손 엄지손가락 위에 십자형을 이루어 겹쳐 놓아야 하며, 손가락들의 끝 부분을 자연스럽게 위로 약간 쳐들어야 한다.

2. 성호경이 가지는 두 가지 뜻

첫째, 십자 모양을 긋는 것은, 예수 그리스도께서 돌아가신 십자가를 표시한다. 그리스도께서는 십자가의 죽음으로 세상 만민의 죄를 구속하셨다. 십자가는 언제나 그리스도를 표시한다. 군인이 군복을 입음으로 군인임을 표시하고, 학생이 자기 학교의 모표와 배지를 달고 다님으로써 어느 학교의 학생임을 표시하는 것과 같이, 하느님을 공경하는 우리도 고우임을 표시하는 것이 있어야 한다. 천주교 신자임을 표시하는 것이 곧 십자 성호이다. 누구든지 십자 성호를 그을 때, 우리는 그가 천주교 신자라는 것을 즉시 알아볼 수 있다. 그러므로 십자 성호는,

첫째로 교우들의 드러나는 바깥 표시이다. 예컨대 여행 중 혹은 식당에서 저쪽 멀리에 앉아 있는 사람이 성호를 긋는다면 즉시 그가 가톨릭 신자임을 알 수 있다.

둘째, 천주교는 사람이 세운 것이 아니고 하느님께서 세우신 교회이기 때문에, 그분이 가르치신 교리 중에는 사람이 알아듣지 못하는 것이 많이 있다. 알아듣기 어려운 교리 중의 하나가 곧 하나이신 하느님께서 성부·성자·성령 세 위를 가지신다는 삼위일체 교리이다. 우리는 성호경을 외울 때, 성부·성자·성령의 이름을 부른다. 비록 우리가 알아듣지는 못하나 하느님께서 가르쳐 주신 것이니, 그대로 승복하고 믿겠다는 뜻에서 성호경을 통하여 우리는 하느님께 대한 우리의 믿음을 표시한다. 그러므로 우리가 자주 바치는 성호경은, 둘째로 우리의 신앙 고백이기도 하다.

3. 십자 성호의 종류와 유래

십자 성호는 "작은 십자 성호"와 "큰 십자 성호" 두 가지가 있다.

시대적으로 보아서는 "작은 십자 성호"가 먼저 시작되었다. 작은 십자 성호는 엄지손가락으로 이마, 입술, 가슴에 십자 표시를 하는 성호인데, 이마에만 작은 성호를 긋기 시작한 것은 사도 시대부터였으며, 입술과 가슴에 성호를 긋는 것은 4세기 이후부터라고 한다.

우리는 지금 미사 (미사는 그리스도께서 십자가에서 돌아가신 것을 기념하기 위해, 친히 사도들에게 명하신 제사이다. 이것은 그리스도께서 바치신 십자가상 제사를 새롭게 하고, 십자가에서 이루어진 모든 은혜를 베푸는 천주교회의 중심이 되는 예식이다.) 중 성경을 읽기 전에 이 작은 성호를 긋는데, 먼저 이마에 긋는 것은 예수님의 말씀을 머리에 잘 담아 기억하고, 또 남에게 부끄러워하지 않겠다는 뜻이고, 입술에 십자를 긋는 것은, 예수님의 말씀을 남에게 전하겠다는 뜻이며, 가슴에 긋는 것은 그 말씀을 마음속 깊이 간직하겠다는 뜻이다. 이 밖에도 세례성사 때 또는 기타 강복, 축성식의 경우 손으로 간단히 긋는 작은 십자 성호가 많이 있다.

큰 십자 성호는 우리가 많이 쓰는 것으로 11세기경에 온 교회에서 쓰기 시작하였다 한다.

4. 성호경의 힘

인자한 어머님과도 같은 우리 교회는 예수님께 받은 특별한 권리로써, 성호경을 정성되이 바치는 사람에게 특별한 은사恩赦를 베풀어 주었다. 교회가 베푸는 은사를 보통 "대사大赦"라고 하는데, 성호경을 한 번 바치는 사람에게 한대사를 받도록 하였다.

그리고 우리 교회에서는 물이 변하지 않도록 소금을 넣어, 사제가 특별히 강복한 "성수聖水"라는 것을 교회 전례에 사용하고 있다. 이 성수를 손에 찍어서 성호경을 바치면 더 많은 은사를 받는다. 어떤 성당이든지 들어가면 문 언저리에 성수가 준비되어 있다. 그래서 우리는 성당에 들어가서 먼저 손에 성수를 찍어 성호경을 바친 다음 다른 기도를 바친다. 입당할 때에 성수를 찍고 기도한 다음, 나올 때는 성수를 찍지 않는다.

대사의 뜻

대사는 우리가 교회에서 죄의 용서를 받은 다음, 그 잠벌暫罰을 없애 주는 것인데, 대사에는 잠벌 전부를 없애는 전대사全大赦와, 그 일부를 없애는 한대사限大赦 두 가지가 있다.

아멘의 뜻

아멘(Amen)은 초세기부터 교회 안에서 쓰여 내려오는 말이다. "아멘"은 "굳은", "확실한"이라는 의미의 히브리어 형용사였으나, 후에 "진실로", "그렇게 되기를" 이렇게 기원을 뜻하는 부사로 변천되어 그리스어에서도 그대로 번역되어 사용되었었다. 복음 성경에도 보면 그리스도께서 중대한 진리를 말할 때 "아멘", "아멘"을 넣어서 "진실히 진실히"라고 했으며, 오늘에도 기도의 마지막에 "아멘"을 붙여 하느님께 진실을 맹세한다든지 또는 다른 사람의 기도에 동의한다는 뜻을 나타내고 있다. 이것은 우리가 어떤 기도를 바치든지 그 기도문이 끝난 다음에 붙이는 말이다. 그 뜻은 "그렇게 될지어다"의 의미를 가지고 있다. 그러므로 우리가 앞에 바친 그 기도문의 내용 그대로 이루어지게 해주십시오 하고 간구하는 마지막 말이다.

많은 교우들이 모여 공동 기도를 바칠 때, 그중에서 신부님이나 어떤 교우 하나가 대표로 혼자서 어떤 기도를 바치면, 그것이 끝날 때 같이 모여 있는 교우들은 다 같이 "아멘"으로 응한다. 이런 때는 교우 각자가 모두 그 기도문에 동의를 한다는 뜻이 되고, 또 모든 사람이 한마음이 되어 기도한다는 일치의 뜻도 될 뿐 아니라, 나도 수동적이 아니고 능동적으로 그 기도에 참여하여 기도의 한몫을 본다는 뜻도 된다.

주님의 기도

하늘에 계신 우리 아버지,

아버지의 이름이 거룩히 빛나시며

아버지의 나라가 오시며

아버지의 뜻이 하늘에서와 같이

땅에서도 이루어지소서!

오늘 저희에게 일용할 양식을 주시고

저희에게 잘못한 이를 저희가 용서하오니

저희 죄를 용서하시고

저희를 유혹에 빠지지 않게 하시고

악에서 구하소서.

아멘.

그리스도께서 친히 가르쳐 주신 기도문이기 때문에 "주님의 기도"라는 이름이 붙게 되었다. 그리스도께서 직접 일러 주신 기도문이고 보니, 기도문 중에서 가장 완전하고 가장 뛰어난 기도문이다. 그래서 주요 기도문 제일 첫 자리를 차지하고 있다.

이것은 그리스도께서 직접 하신 말씀으로 성경에서 뽑은 기도문이다. 어느 날 예수님의 제자 중 하나가 예수님께 가까이 가 청하기를 "주님, 요한이 자기 제자들에게 가르쳐 준 것같이 저희에게도 기도하는 것을 가르쳐 주십시오."하였다. 이때 예수님께서는 기도할 줄 모르는 제자들에게 지금 우리가 바치고 있는 "주님의 기도"를 가르쳐 주셨는데, 이것은 마태오 복음서 6장 9절에서 13절에 이르기까지 기록되어 있는 성경 말씀이다.

"주님의 기도"는 "사도 신경"과 더불어, 초대 교회 때부터 있었던 오래 된 기도문이며, 옛날에는 예비 신도들이 영세 직전에 "주님의 기도"를 외워 두었다가, 영세 전례 때에 비로소 하느님을 참아버지로 부르는 "주님의 기도"를 공공연하게 바쳤었다. 그리고 그때 신도들은 "주님의 기도"를 영성체 준비 기도로 바치기도 했었다. 그래서 오늘에도 미사 때 영성체하기 전에 "주님의 기도"를 사제와 함께 바친다. "주님의 기도"는 또 어떤 경우에 (예컨대, 연도문이나 모든 성인들의 호칭 기도 끝에서와 같이) 소리를 내지 않고 마음속으로 바치는 때가 있는데, 이것은 같은 정신과 같은 생각으로 같은 기도를 바치는 신도들의 일치를 의미한다.

"주님의 기도"의 구성을 보면, 하느님을 부르는 말과 그 다음 우리가 요구하는 일곱 가지 요청으로 되어 있다. 처음 세 가지는 하느님의 영광을 위한 것이고, 다음 네 가지는 우리 영혼과 육신을 위한 기도이다. 이것을 각각 풀이하면 다음과 같다.

하늘에 계신 우리 아버지

우리가 사람과 이야기할 때 먼저 상대방을 부른 다음 다른 이야기를 하듯이, 이제 하느님과 이야기하고자 하니 먼저 하느님을 부르는 것은 매우 자연스러운 일이다. 하느님을 부르되 하늘에 계신 아버지로 부르는 것은 그

때 사람들의 특별한 관습이다. 하느님은 물론 안 계신 곳 없이 곳곳에 다 계시나, 하늘을 특별히 말하는 이유는, 그때 사람들은 하느님은 하늘에만 계시는 줄로 알았고, 또 하늘은 높은 곳이니, 높은 곳에 계시는 그분은 세상의 모든 것보다 높으신 분이라는 것을 뜻할 뿐 아니라, 하늘은 장차 우리가 하느님을 영원히 뵈올 우리의 본고향인 천국을 상징하기 때문이다.

그리고 "나의 아버지"라 하지 않고 "우리 아버지"라고 한 것은, 그때 유다 백성들이 자기 나라의 하느님만을 찾고 있었으므로, 이것을 반대해서 하느님은 어느 특정한 나라의 하느님만이 아니시고, 모든 사람들의 공공 아버지라는 뜻에서 "우리"라는 말을 썼다. 하느님께서는 태초에 우리 인간을 만드셨으니까, 우리를 낳아 주시고, 길러 주시고, 보호하여 주시는 아버지와 같으시기에, 우리는 하느님을 다른 말로 "아버지"라고 부른다.

아버지의 이름이 거룩히 빛나시며

우리는 높은 어른의 이름을 함부로 부르지 않고 조심

성 있게 부른다. 지위가 높은 사람이면, 이에 따라 그의 이름도 존경을 받는다. 하느님께서는 지극히 거룩하신 분이니까, 그분의 이름도 거룩하게 빛나야 함은 당연하다. 그분의 거룩한 이름을 존경하고 찬미해서, 그 이름의 거룩하심이 모든 이에게 나타나도록 기도하는 구절이다.

아버지의 나라가 오시며

"하느님의 나라"라고 하면, 우리는 세 가지 모양으로 알아듣는다. 첫째로 성인·성녀들이 복락을 누리는 천국을 말하고, 둘째는 그리스도께서 세상에 세우신 보이는 교회를 말하며, 셋째로는 하느님의 뜻대로 사는, 보이지 않는 우리의 착한 마음을 말한다. 여기서 말하는 하느님의 나라는, 교회와 우리의 마음을 뜻한다고 하겠다.

그러므로 우리는 먼저 '하느님의 나라는 너희 가운데에 있다."(루카 17,21)라고 하신 그리스도의 말씀을 본받아 모든 이가 아버지의 뜻대로 착한 마음으로 살도록 기도해야 할 것이다. 다음에는 보이는 하느님의 나라, 즉 당신의 교회가 점점 자라서 하느님을 모르는 많은 이가 하느님의 나라인 교회를 알고, 뭇 백성이 하느님을 공경함으로써 하느님의 나라가 이룩되기를 기도해야 한다.

"오시며"라는 말의 뜻은, "높은 곳에서 낮은 곳을 대한다" 또는 "높은 사람이 낮은 사람의 집으로 간다"는 뜻이다. 혹은 "어디에 이르다", "미치다"라는 뜻을 가지기도 한다. 그러니까 "하늘에 계신 우리 아버지"의 나라가 하늘로부터 이 세상에 미치도록 기도하라는 하느님의 말씀이다.

아버지의 뜻이 하늘에서와 같이 땅에서도 이루어지소서

먼저 하느님의 "뜻"이 무엇인가를 알아야 하겠다. 하느님께서는 사람이 되시어, 십자가에서 죽기까지 고통을 당하셨다. 십자가에서 돌아가심으로 인간을 죄에서 살리고자 하심이 그분의 뜻이었다. 십자가를 택하신 하느님의 뜻은 곧 "사랑"이다. 하느님은 우리에게 사랑을 요구하신다. 지금 천국에서는 모든 성인·성녀들이 하느님을 사랑하고 있으므로 하느님의 뜻이 이루어지고 있다. 이렇게 천국에서 하느님의 뜻이 이루어지고 있듯이, 하느님의 나라가 이 땅에도 오시어 그분의 뜻이 이루어지기를 바라신다. 다시 말하면, 세상 모든 사람들이 여러 가지의 죄악을 끊어 버리고 하느님을 참아버지로 공경하는 것이 하느님의 뜻이니, 우리는 이것을 위해 기도해야 한다는 말씀이다.

오늘 저희에게 일용할 양식을 주시고

이제는 영혼과 육신 생활에 필요한 것을 빈다. "일용할 양식"은 매일 우리가 쓰고 있는 식량을 말하는데, 이 말은 비단 매일 먹는 양식뿐 아니라 영혼 생명에 필요한 양식, 즉 우리 영혼에 필요한 하느님의 은혜와 영혼 생명을 길러 나가는 성체성사도 말한다. 이것 외에도 현세 생활에 필요한 모든 것을 다 포함한다. 현세의 모든 생활필수품이 우리 힘으로만 마련되는 것이 아니고, 하느님의 특별한 은혜 속에서 이루어진다는 것을 우리는 여기서 엿볼 수 있다. 그리고 "일용할"이라는 이 말씀으로 우리가 하루 먹을 양식만을 찾을 것이지 10년, 20년 먹을 양식을 찾는 욕심쟁이는 되지 말고, 모든 것을 하느님께 의지하고 살 것을 가르치신다. 그러니까 영혼, 육신의 생명을 위한 모든 것을 우리가 할 수 있는 데까지 노력하면서 동시에 하느님께 기도로써 도움을 청해야 한다.

저희에게 잘못한 이를 저희가 용서하오니
저희 죄를 용서하시고

여기서는 우리가 범한 죄의 용서를 빈다. 하지만 우리가 하느님께로부터 죄의 용서를 받기 위해서는 조건이 있다. 그것은 남이 우리에게 범죄했을 때 우리가 먼저 그를 용서해 주어야만 비로소 하느님께서도 우리를 용서하시겠다는 말씀이다. 그러므로 우리가 남을 용서해 주지 않고는 아무리 하느님께 죄의 용서를 애원해 보았자 헛된 일이다. 우리가 우리에게 잘못한 이를 용서해 준다는 조건하에서만, 하느님께서도 우리를 용서해 주시기 때문이다.

이에 대한 예수님의 다른 말씀을 들어 보자. "너희가 다른 사람들의 허물을 용서하면, 하늘의 너희 아버지께서도 너희를 용서하실 것이다. 그러나 너희가 다른 사람들을 용서하지 않으면, 아버지께서도 너희의 허물을 용서하지 않으실 것이다."(마태 6,14-15) 얼마나 똑똑하게 말씀하셨는가! 특히 다음 달씀은, 우리 형제들간에 화목하지 않고서 하느님을 공경하는 것은, 하느님께서는 그것을 결코 받아들이시지 않겠다는 말씀이다. 예수님의 말씀은 이러하다. "그러므로 네가 제단에 예물을 바치려고 하다가, 거기에서 형제가 너에게 원망을 품고 있는 것이 생각나거든, 예물을 거기 제단 앞에 놓아두고 물러가 먼저 그 형제와 화해하여라. 그런 다음에 돌아와서 예물을 바쳐라."(마태 5,23-24)

하느님께 기도하고자 할 때, 형제들과 마음 상한 일이 생각나면, 먼저 가서 화해를 하고, 기도하란 말씀이다. 그러므로 우리는 여기서, 우리의 형제와 우리의 이웃들과 먼저 화목하지 않고 하느님께 기도하는 것은 진정한 기도의 태도가 아님을 알 수 있다.

저희를 유혹에 빠지지 않게 하시고

"유혹誘惑"이란 말은 유인誘引이란 말과도 같은 의미를 가지는데, 남을 꾀어서 나쁜 길로 인도한다는 말이다. 여기의 유혹은 시련, 고통, 어려움을 다 포함한다.

이 기도문은 얼핏 보기에 하느님께서 마치 우리를 유혹하시는 분같이 생각되나, 그것이 아니다. 하느님은 결코 우리를 나쁜 것에로 이끌지 않으신다. 우리를 유혹하는 물건은 세상의 체면, 욕정으로 기울어지는 육신과 악마들이다. 이것들이 우리를 유혹할 때, 하느님께서는 다만 그것을 그냥 내버려 두실 뿐이다. 왜 버려 두시느냐 하면, 우리가 이 유혹과 싸워서 공로를 세울 수 있도록 하시고자 함이다. 그러나 하느님은 결코 우리가 이겨 낼 수 없는, 말하자면 우리에게 벅찬 유혹을 허락치는 않으신다. 그러므로 유혹에 떨어져 죄를 짓는 것은, 오직 우리가 그것을 물리치지 않은 탓이다. 하지만 우리가 유혹을 당할 때, 그것을 따르지 않고 물리치면 죄가 되지 않을 뿐 아니라 도리어 공이 된다.

우리는 여기서 우리가 도무지 죄악의 유혹조차 당하

지 않도록 기도하기보다, 우리가 당하는 유혹을 물리칠 하느님의 은혜를 빈다. 즉 유혹에 떨어져 범죄하지 않고, 이것을 극복해서 공로를 세우는 힘을 주시도록 빈다.

악에서 구하소서

악은 항상 우리 언저리에 있는 모든 흉측한 죄악을 일컫는다. 불행히도 우리의 부주의와 태만으로 우리가 이런 악에 떨어졌을 때, 거기에서 건져 주실 것을 빌면서 "주님의 기도"를 끝낸다.

성모송

은총이 가득하신 마리아님, 기뻐하소서!

주님께서 함께 계시니 여인 중에 복되시며

태중의 아들 예수님 또한 복되시나이다.

천주의 성모 마리아님,

이제와 저희 죽을 때에

저희 죄인을 위하여 빌어 주소서.

아멘.

"성모송聖母頌"은 "주님의 기도" 다음으로 중대하고 완전한 기도문이다. 예수님을 낳은 마리아는, 거룩하신 예수님을 낳았으니 거룩하신 어머니시다. 거룩하신 어머님께 바치는 기도문이기에 "성모송"이라 한다.

"성모송"은 13세기에 벌써 모든 교우들에게 알려졌으며, 비오 5세 성인 교황이 이것을 성무 일도聖務日禱(성무 일도는 사제들 또는 수도자들이 매일 바치는 기도책이다.)에 삽입하게 되자, 더욱 널리 전파되었다. 그리고 "성모송"은 "묵주(로사리오) 기도"에 많이 사용되고 있으며, 때로는 병자와 마귀를 쫓는 데에도 바쳐지는 기도문이다. 이것은 다음과 같이 두 부분으로 나누어진다.

첫째 부분: 시작부터 "또한 복되시나이다!"까지를 말한다. 이것은 하늘의 천사가 마리아께 축하의 인사말을 한 것과, 요한 세례자의 어머니 엘리사벳이, 마리아가 예수님의 어머니 되심을 알고 인사한, 두 인사의 말로써 이루어진 것이다.

인사말은 다음과 같다. "은총이 가득한 이여, 기뻐하여라. 주님께서 너와 함께 계시다."(루카 1,28) 이것은 천사의 인사 말씀이다. 다음 엘리사벳의 인사 말씀은 "당신은 여인들 가운데에서 가장 복되시며 당신 태중의 아기도 복되십니다."(루카 1,42)이다. 이 말은 성모님이 받을 수 있는 가장 적합한 찬사의 말씀이다. 그리하여 우리도 마리아를 극구 찬양하기 위해, 이 인사말을 성모송에 넣었다.

둘째 부분: 그 나머지 부분이다. 이것은 마리아에게 전달을 구하기 위해 교회에서 만든 기도문인데, 16세기 중반 카니시오 성인 때 벌써 널리 알려져 있었다고 한다.

은총이 가득하신 마리아님

"은총恩寵"은 하느님께서 공으로 주시는 은혜인데 우리 구원에 없어서는 안 되는 하느님의 도우심이다. 천주 성자의 어머니가 되시기로 특별히 뽑힌 여인이신지라, 하느님의 은총을 담뿍 받으셨다. 그러기에 마리아는 인류의 원조元祖가 저지른 "인류의 죄"에 물들지도 않았고, 또 자신이 지은 죄도 없다. 죄의 그림자조차 찾아볼 수 없는 마리아이시다. 죄 없으신 하느님을 낳을 분이시니, 응당 어떤 죄도 없어야 함은 마땅한 일이다.

"은총이 가득하신", 이 말에서 우리는 마리아께서 인류의 죄도 없으신 특전의 특전을 받은 오직 한 사람임을 넉넉히 알 수 있다. 이 점에 있어서 마리아는, 모든 사람은 말할 나위도 없거니와, 모든 천사들보다 위에 계신다.

그러기에 하늘의 천사가 그에 맞갖은 축하 인사를 올렸다.

기뻐하소서

"기뻐하소서!"함은 축하하는 예의 인사를 말한다. "마리아님! 당신은 하느님의 은총을 가득히 받으셨으니, 당신께 축하를 드립니다."의 뜻이다. 우리는 학교에 입학하거나 졸업하게 될 때, 또는 새해를 맞이할 때도 서로 축하 인사를 주고받는다. 하물며 하느님의 어머니가 되기로 간택되셨으니, 으레 축하를 받으셔야 마땅하지 않은가! 그래서 하늘의 천사까지 마리아에게 축하 인사를 드려 기쁨을 같이한다.

주님께서 함께 계시니

죄의 그림자도 없이 하느님의 은총으로 충만하신 마리아이시니까, 하느님과 사랑으로써 일치하기에 합당하신 분이시다. 하느님과의 일치에 어떤 장애물도 없을 뿐 아니라, 하느님을 잉태하실 마리아이시고 보니, 하느님과 한가지로 계시는 분이시다.

여인 중에 복되시며

 마리아는 하느님으로부터 복을 받았다. 이와 같이 복된 속에서 하느님과 더불어 계시는 마리아는, 이 세상 어떤 여인도 받을 수 없는 최대의 특전을 받았다. 마리아는 하느님의 어머님이 되시므로, 세상 모든 여인 가운데 뛰어난 여인이시다.

태중의 아들 예수님 또한 복되시나이다

 "태중胎中"은 배 속이란 뜻인데, 당신의 배에서 나신 당신 아들 예수님도 역시 복을 받으셨다. 이것은 엘리사벳이 마리아에게 한 인사말이다.

천주의 성모 마리아님

 "하느님을 낳은 거룩한 어머니 마리아"란 뜻이다. 마

리아는 예수님을 낳았으니 예수님의 어머니가 되는 것이지, 어떻게 하느님의 어머니가 된단 말인가 하는 의문을 가질 수 있다. 그러나 이것은 모르는 소리다. 어머니가 낳은 아들이 대통령이 되었다면, 그는 "대통령의 어머니"가 되듯이, 마리아가 낳은 예수님은 하느님이시니까 마리아는 "하느님의 어머니"가 될 수밖에 없다. 그러나 물론 대통령의 어머니가 "대통령의 직"을 낳지는 않았듯이, 마리아도 "예수님의 천주성"을 낳지는 않았다.

이제와 저희 죽을 때에
저희 죄인을 위하여 빌어 주소서

"우리가 살면서 일하는 지금과, 그리고 우리가 죽을 그 때, 죄인인 우리를 위해서 하느님께 빌어 주십시오."라는 뜻이다.

우리의 기도를 들어 주실 수 있는 분은 하느님뿐이다. 그런데 왜 우리는 한 인간에 지나지 않는 마리아에게 성모송을 만들어 기도를 바치고 있는가 하는 생각을 가질 수도 있다. 가톨릭에서는 마리아에게뿐만 아니라, 하늘에 계시는 성인·성녀들께도 기도를 바친다. 그러나 하느님께 바치는 기도와는 다르다는 것을 알아야 한다.

"빌어 주소서"하는 말에 주의해야 한다. 마리아와 기타의 성인·성녀들은 직접 우리에게 은혜를 베푸는 힘이 없기 때문에, "주님의 기도"에 있어서와 같이 직접 "악에서 구하소서"하지 않는다. 다만 우리를 대신해서 하느님께 빌어 달라고 간구할 뿐이다. 우리는 죄인이기에 하느님께 직접 구하기에는 어려움을 우리 스스로 느낀다. 아들이 아버지에게 직접 무엇을 청하기가 어려울 때는 어머니를 통해서 청하는 것이 보통이다. 우리가 청해서는 안 될 것이, 어머니가 청했기에 되는 일이 흔히 있다. 우리가 성모님께 비는 것도 이와 똑같다.

그러니 천주교회의 기도문을 자세히 살펴보라! 하느님께 대한 기도문에는 언제든지 직접 "저희에게 자비를 베푸소서"라고 기도하지만, 마리아나 성인·성녀께 바치는 기도문에는 언제나 간접적으로 "저희를 위하여 빌어 주소서", 이렇게 되어 있다. 우리는 이것을 혼동하지 말고, 그 까닭을 알아야 하겠다.

영광송

. . . . .

(밑줄 부분에서 고개를 숙이며)

<u>영광이 성부와 성자와 성령께</u>

<u>처음과 같이</u>

<u>이제와 항상 영원히.</u>

<u>아멘.</u>

    하느님께 모든 영광을 들리는 기도문이다. "영광榮光"이란 말은 흔히 들을 수 있는 말이다. 예컨대 "이런 자리에 불러 주셔서 대단히 영광으로 생각합니다."라고 한다. "영광"이란 말은 "올바로 알아준다"는 뜻이다. 그이를 그이답게 알아 모실 때 "영광"이라고 한다. 그러므로

하느님께 영광을 드린다는 것은, 하느님의 전능과 인자와 영원성, 절대성을 그대로 알아서 높이 모신다는 뜻이 될 것이다. 그래서 기도서에 보면 "주님, 영광받으소서."란 구절이 자주 나온다.

주님께 영광을 돌리는 기도문은 여기서 설명하는 작은 영광송, 미사 때 외우는 대영광송 두 가지가 있다.

영광이 성부와 성자와 성령께

한마디로 하느님께 영광을 돌리라는 뜻이지만, 하느님의 삼위일체를 들어 다 알아들을 수 없는 그분의 신비를 영광으로 찬미하라는 뜻이다.

처음과 같이
이제와 항상 영원히

영광이 성부·성자·성령께로 돌아가되, 태초에 삼위께서 누리시던 것과 같이 지금도 그대로 영광이 있을 것이며, 또한 언제든지 마침이 없이 영원히 있어지기를 비는 기도문이다.

사도 신경

· · · ·

<u>전능하신 천주 성부</u>

<u>천지의 창조주를 저는 믿나이다.</u>

<u>그 외아들 우리 주 예수 그리스도님</u>

(밑줄 부분에서 모두 깊은 절을 한다.)

<u>성령으로 인하여 동정 마리아께 잉태되어 나시고</u>

본시오 빌라도 통치 아래서 고난을 받으시고

십자가에 못 박혀 돌아가시고 묻히셨으며

저승에 가시어 사흗날에 죽은 이들 가운데서 부활하시고

하늘에 올라 전능하신 천주 성부 오른편에 앉으시며

그리로부터 산 이와 죽은 이를 심판하러 오시리라 믿나이다.

성령을 믿으며

거룩하고 보편된 교회와 모든 성인의 통공을 믿으며

죄의 용서와 육신의 부활을 믿으며

영원한 삶을 믿나이다.

아멘.

사도

"사도使徒"는 예수님께서 친히 가르치신 열두 제자를 이르는 말이다. 오늘의 주교들이 옛날 사도 무리에 속하는 분들이다. 그러므로 사도들은 초대 교회의 첫 주교들이다.

신경

우리가 믿어야 하는 신앙 고백이기도 한 것이다. "신경信經"은 라틴 말로는 "상징(Symbolum)·표시·신분 증명서·계약서"라는 뜻을 가지고 있다. 3세기 성 치프리아노가 처음으로 이 말을 쓰기 시작했다. 그 까닭은, 이 믿음 조항을 입으로 고백함으로 곧 천주교 신자라는 것이 밝

혀지는 신분 증명서 또는 상징·표시가 되기 때문이다.

　옛날에는 신경이 여러 개 있었다. 그러나 현재 우리 교회에서 쓰고 있는 것은 세 가지 신경뿐이다. 그 첫째는 "사도 신경"이요, 둘째의 것은 아타나시오 성인의, 성삼 교리聖三敎理 가 골자로 되어 있는 "성 아타나시오 신경"이며, 셋째의 것은 "니케아-콘스탄티노폴리스 신경"이다.
　여러 개의 신경이 생기게 된 까닭은, 옛날부터 가톨릭의 신앙 개조를 반대하는 사람들이 나타나게 되자, 이들을 거슬러 우리의 산 신앙을 말해 주기 위함이었다. 그러니까 신경을 외우는 것은, 그리스도로부터 내려오는 가톨릭의 참 신앙을 받아들인다는 표시가 된다.
　"사도 신경"에는 열두 개의 믿음 조항이 들어 있다. 그래서 어떤 이는, 열두 사도가 하나씩 만든 것이므로 사도 신경이라 한다고 하는데 그렇지 않다. 사도들이 예수님께 배운 것을 그리고 그들이 믿고 그들이 전해 준 교리 중에 가장 바탕이 되는 믿음 조항이 여기에 들어 있기 때문에 "사도 신경"이라 한다. 이것은 직접 예수님으로부터 내려오고 있는 교리이기 때문에, 성경과 성전聖傳에 그

토대를 두고 있음은 말할 나위도 없다.

이것은 "주님의 기도"와 함께, 초대 교회 때부터 있었던 기도문이며, 특히 신입 교우가 세례를 받을 때, 천주교의 참 신앙을 받아들인다는 표시로서 공식으로 바쳐 내려오고 있다. 오늘도 그러하다. 이것은 가톨릭의 믿을 교리 편의 중심이 되어 있기 때문이다.

우리는 "사도 신경"의 내용을 믿어야 한다. 그러나 터무니없는 믿음이 아니다. 미국 뉴욕에 갔다 온 어떤 사람이 말하기를, 뉴욕에는 세계에서 제일 높은 102층 집이 있다고 한다. 그런데 우리는 미국에 가 본 적이 없다. 그러나 미국 이야기를 하는 그이가 진실한 사람이고 믿을 만한 사람이면, 비록 우리 눈으로 보지는 못했을지라도, 우리는 그의 말을 믿는다. 그렇다면 절대로 속일 수 없는 하느님의 말씀을 어떻게 믿지 못하겠는가! 우리가 사람의 말도 믿을진대, 하느님께서 가르쳐 주신 "사도 신경"의 내용을 믿지 않는다면 도리어 우스운 일이다.

교회는, 진심으로 "사도 신경"을 한 번 외우는 사람에게 5년 은사를 베풀어 준다.

전능하신 천주 성부
천지의 창조주를 저는 믿나이다

"천지天地"는 하늘과 땅을 의미하는 말인데, 여기서는 하늘과 땅만을 뜻하지 않고, 이 세상 우주 안에 있는 모든 것을 다 의미한다. "창조주"란 세상 만물을 아무 것도 없는 데서 만드신 어른이란 뜻이다.

"나는 하늘과 땅, 이 세상 모든 것을 만드신 전능하신 천주 성부를 믿는다." 즉 우리는 하느님이 한 분이심을 믿고, 또한 하느님께서 아무 것도 없던 거기에서, 재료도 없이 만물을 만드신 것을 믿는다. 물론 세 위를 가지신 하느님께서 만물을 창조하신 것이나, 성부를 우리를 만드신 아버지와 같이 생각해서, 흔히 성부께서 창조 사업을 한 것으로 말한다. 집이 있으면 집을 지은 사람이 있고 그림이 있으면 그림을 그린 사람이 있듯이, 이 넓은 우주, 해와 달, 별 그리고 온갖 식물 동물, 이것들은 저절로 생긴 것이 아니다. 이것을 만드신 우주의 창조주, 조물주가 계시다는 것을 우리는 믿는다.

그 외아들 우리 주 예수 그리스도님

"외아들"은 하나밖에 없는 외동아들이란 말이다. "예수"는 인간을 구원하시는 "세상을 구속하는 분"이라는 말이다. "그리스도"는 기름으로 거룩해진 임금 혹은 대사제라는 말이다. 우리는 "예수 그리스도"라는 이름을 가진 하나밖에 없는 성부의 아들을 믿는다.

성령으로 인하여 동정 마리아께 잉태되어 나시고

"동정童貞"은 아이의 몸이란 뜻으로 처녀라는 말이다.

그리스도는, 천주 제삼위第三位이신 성령의 힘으로, 처녀인 마리아에게 잉태되어 사람이 되셨다. 그러니까 예수님은 하느님이시며 또한 사람이시다. 자녀의 잉태는 한 남자와 한 여자의 결합으로만 되는 것이 자연 법칙이지만, 예수님은 하느님이시니까, 사람과 달리 천주스런 방법으로, 즉 성령의 힘으로 사람이 되셨다. 하느님께서 사람이 되시다니, 도무지 알아듣기 어렵다. 그러나 우리는 이것을 믿는다.

본시오 빌라도 통치 아래서 고난을 받으시고
십자가에 못 박혀 돌아가시고 묻히셨으며

"본시오 빌라도"는 그때 그 지방 총독의 이름이다. 그가 총독의 벼슬을 하고 있을 때 예수님께서 잡혀 십자 모양으로 된 형틀에서 죽으셨다. 그때의 형법에는, 십자가형의 사형이 가장 중한 것이었다. 어떤 이는 이르기를, 예수님은 십자가에서 완전히 죽지 않았다고 하나, 이것은 터무니없는 소리다. 예수님은 십자가에서 완전히 죽으셨고, 거룩한 시신은 땅에 묻혔었다. 이것을 믿는다.

저승에 가시어 사흗날에 죽은 이들 가운데서 부활하시고

원조元祖들이 죄를 지은 다음부터 그리스도께서 오실 때까지는 천당문이 닫혀 있었다. 그러므로 하느님의 계명을 받들어 착하게 산 구약의 성조聖祖(예컨대 아브라함, 이사악, 야곱, 모세…)들은, 천당에 들어가지 못하고, 그리스도께서 오시어 천당문을 열 때까지 어떤 곳에서 기다리지 않으면 안 되었다. 이곳을 "저승"이라고 한다. 예수님께서 십자가에서 돌아가시자 그분의 육신은 땅에 묻히시고, 그분의 영혼은 저승에 가시어, 그때까지 천국에 들어가지 못한 구약의 성인들을 위로하셨다.

예수님은 죽으신 지 사흘째 되던 날, "죽은 이들 가운데서", 즉 죽은 모든 사람들 속에서 다시 살아나셨다. 금요일에 돌아가신 그리스도는 금요일·토요일을 거쳐 주일 아침에 다시 살아나셨다. 이것이 예수 부활이다. 사람은 아무리 좋은 약을 가지고도 죽은 사람을 살리지 못한다. 그러나 죽어 땅에 묻힌 예수님은 다시 살아났으므로, 이것은 곧 당신은 사람이 아닌 하느님이심을 드러낸다. 그리고, 즉시 부활하시지 않은 것은 참으로 죽으셨다는 것을 증명하기 위해서였다. 또한 예수님의 부활은 우리도 나중에 부활할 수 있다는 보증이 되기도 한다. 우리는 예수님의 죽으심과 부활하신 사실을 믿는다.

하늘에 올라 전능하신 천주 성부 오른편에 앉으시며

"오른편에 앉으시며"라 함은 성부님 오른편에 높은 자

리를 정해 앉으신다는 말이다. 하느님이신 성부께는 오른편 왼편이 없지만, 그리스도께서는 사람으로서도 하느님의 영광을 가득히 누림을, 그때의 풍속대로 말했을 따름이다. 즉 제일 높은 사람의 오른편에 그 다음으로 높은 사람이 앉았었다. "앉으시며"라 함은, 예수님께서 마치 임금이 어좌에 앉음과, 심판관이 판석에 앉음같이 하늘과 땅의 모든 권한을 가지시고 천국 어좌에 앉으시어, 공심판 때 심판관이 되실 것을 뜻하기도 한다.

 예수님은 부활 후 40일에 하늘에 올라가시어 성부님 오른편에 앉으셨는데, 이것을 예수 승천이라 한다. 하늘에 오르신 것은, 첫째, 세상에서 모든 고난을 받고, 그 보답으로 하늘에서 영광을 받으시기 위함이요, 둘째는, 천당에 우리 자리를 마련하시기 위함이요, 셋째는, 우리를 위해 성부께 도움을 구하시기 위해서이고, 넷째는, 우리에게 성령을 보내시기 위함이다.

그리로부터 산 이와 죽은 이를 심판하러 오시리라 믿나이다

예수님은 천국에서 성부의 영광을 누리시다가, 세상 마칠 때 하늘의 구름을 타고 세상 만민을 심판하러 오시겠다고 약속하셨다.

"그리로부터"라 함은 성부 오른편의 높은 어좌로부터 심판관으로 오신다는 말이다. "산 이"라 함은 세상이 끝나는 그때까지 살아 있는 사람을 말하는데, 이들도 한번은 죽었다가 살아나게 마련이다. "죽은 이"라 함은, 세상이 만들어진 이래 죽은 모든 선자, 악자를 다 말한다. 이 밖에 다른 뜻으로, "산 이"라 함은 은총 지위에 있어 천국을 얻을 수 있는 사람을 뜻하고, 죽은 이라 함은 대죄 중에 있어 지옥을 차지할 사람을 말한다.

심판관으로 오시는 그리스도는 만인 앞에서 각자의 선행과 악행을 판단하시어, 착한 이는 천당으로, 악한 이는 지옥으로 각각 판결하실 것을 우리는 믿는다.

이것은 많은 사람 앞에서 되는 것이므로 공심판公審判이라 하고, 사람이 죽은 다음 하느님 앞에서 개인적으로 받는 심판을 사심판私審判이라 한다.

성령을 믿으며

천주 삼위의 한 분이신 성령께서 참으로 계심과, 성부 성자와 같이 하느님이심을 믿는다.

거룩하고 보편된 교회와 모든 성인의 통공을 믿으며

"보편된 교회"란 서양 사람이나 동양 사람이나, 세상 모든 사람이 다 믿을 수 있는 천주교회를 말한다. 천주교회는 거룩하신 하느님이 세우신 것이니까 거룩한 교회이며, 하느님은 또한 모든 사람의 아버지이시므로, 이 교회는 모든 이가 믿어야 하는 보편된 교회임을 우리는 믿는다.

"성인"이라 함은, 세상에서 하느님을 열심히 공경하고, 남에게 좋은 표양을 주어 거룩하게 산 분들이, 죽은 다음 여러 가지 기적을 통해, 그가 확실히 천국에 있다는 것이 판명된 다음, 교회에서 "성인"이라고 특별히 선언한 분을 일컫는다. 그러나 여기서 말하는 모든 성인은 천당, 연옥, 은총 지위에 있는 세상 사람들을 가리킨다. "통공"은 공功을 서로서로 통한다는 말이다. 교회 안에 있는 모든 이는, 공이 많은 자가 공이 적은 자를 공으로 도와 줄 수 있고, 힘이 모자라 공이 적은 자는 힘 있는 자에게서 도움을 받을 수 있다. 그리고 여기서 말하는 "교회", 즉 "모임"은 넓은 뜻으로 천당·연옥·세상 이 세 가지 모임을 말한다. 그러니까, 천당에 있는 영혼은 불쌍한 세상 사람들을 위해 하느님께 빌어 주고, 연옥에서 보속하는 영혼들을 위해 우리는 하느님께 기도한다. 이리하여 이 세 모임은 서로서로 도와 주고 있는데, 이것을 모든 성인의 통공이라 한다. 우리는 이것을 믿는다.

죄의 용서와

예수님이 이 세상에 오신 첫째 이유는, 우리의 죄를 용서해 주시고자 함이다. 하느님이신 예수님께서 인간의 죄를 용서하실 수 있음은 말할 것도 없다. 그러니 예수님께서 당신 사업을 세상 마칠 때까지 맡아 보는 기관으로 교회를 세우시고, 그 교회 안에 죄를 용서하여 주는 권리를 주시지 않았다면, 예수님의 구속 사업은 헛된 일이 되고 말았을 것이다. 그래서 예수님은 당신 제자들에게

"성령을 받아라. 너희가 누구의 죄든지 용서해 주면 그가 용서를 받을 것이고, 그대로 두면 그대로 남아 있을 것이다." (요한 20,22-23) 하시면서 똑똑히 죄를 용서하는 권리를 주셨다. 이것을 모르는 이들은 흔히, 천주교회에서는 사람이 사람의 죄를 용서한다고 한다. 정말 모르고 하는 소리이다. 우리는 교회가 예수님으로부터 받은 권리로써 죄를 용서하여 줌을 믿는다.

육신의 부활을 믿으며

사람이 이 세상에서 한평생 산 다음 그 육신이 죽지만, 나중에 세상이 끝나는 날, 죽은 육신이 다시 살아나 자기의 영혼과 결합한다. 이것이 육신 부활이다. 의학 박사는 죽은 사람을 살리지 못한다. 그러나 인간 생명을 만드신 그분은 없었던 생명을 만드신 분이기에 죽은 사람도 살릴 수 있다. 그분은 우리 생명의 주인이시기 때문이다.

영원한 삶을 믿나이다

　육신과 영혼이 다시 결합된 사람은 이제 죽지 않고 영원히 살게 된다. 사람은 누구든지 죽기를 싫어한다. 그런데 이 세상에서 죽지 않을 사람은 한 사람도 없다. 그러므로 죽지 않고 영원히 살고 싶어하는 인간의 바람은, 죽은 육신이 다시 살아나서, 이 세상이 마친 다음 참으로 이루어진다. "이렇게 하여 그들은 영원한 벌을 받는 곳으로 가고 의인들은 영원한 생명을 누리는 곳으로 갈 것이다."(마태 25,46) 하셨으니, 그때 죄인은 지옥에서 영원한 벌 중에서 살 것이고, 선인은 천당에서 영원한 복락 속에서 살게 될 것이다. 또 이르시기를 "하느님께서는 세상을 너무나 사랑하신 나머지 외아들을 내주시어, 그를 믿는 사람은 누구나 멸망하지 않고 영원한 생명을 얻게 하셨다."(요한 3,16) 하셨으니, 우리는 이것을 희망으로 삼고 하느님을 공경한다. 우리가 마땅히 영원한 생명을 얻어야 할진대, 이 모든 것이 착하신 하느님의 말씀이고 보니, 굳이 믿을 따름이다.

반성 기도

주님, 오늘 생각과 말과 행위로 지은 죄와
의무를 소홀히 한 죄를 자세히 살피고
그 가운데 버릇이 된 죄를 깨닫게 하소서.
아멘.

　하루의 생활을 간단히 반성하는 기도문이다. 우리는 매사에 있어서 하느님의 뜻대로 살아서 죄를 짓지 말아야 한다. 그런데 우리는 오늘 하루 동안 "생각과 말과 행위로", "의무를 소홀히"함으로 죄를 범했다. 우리가 죄를 범하는 데는, 첫째, 생각으로 죄를 범하고, 둘째, 말로써, 셋째, 행동으로 죄를 범하고, 그리고 해야 할 것을 소홀히 함으로 죄를 범하게 된다. 그래서 이상 네 가지 문제를 특별히 반성하고 "그 가운데 버릇이 된 죄"를 살펴서 나쁜 버릇을 버리고 좋은 습관을 만들어 나가야 한다.

십계명

일. 한 분이신 하느님을 흠숭하여라.

이. 하느님의 이름을 함부로 부르지 마라.

삼. 주일을 거룩히 지내라.

사. 부모에게 효도하여라.

오. 사람을 죽이지 마라.

육. 간음하지 마라.

칠. 도둑질을 하지 마라.

팔. 거짓 증언을 하지 마라.

구. 남의 아내를 탐내지 마라.

십. 남의 재물을 탐내지 마라.

우리가 마땅히 구원을 얻고자 할진대, "사도 신경"에 실려 있는 것을 믿는 것으로만 다 되는 것이 아니다. 믿을 것은 믿고, 또한 실천으로 행동해야 할 것은 행동해야 한다. 어떤 이는 말하기를 굳게 믿기만 하면 구원된다고 한다. 그러나 믿음만으로는 구원될 수 없다. 생각해 보라! 굳게 믿는다고 하면서 모든 죄악을 다 범한다면, 그것을 참된 믿음이라 하겠는가? 우리는 물론 먼저 믿어야 하겠지만, 다음에는 죄를 피하고 착한 행실을 해야 한다. 그래서 하느님께서는 믿을 교리 이외에, 또 우리가 지켜야 할 열 가지 계명을 주셨다. 이것이 "십계명"이다.

열 가지 계명은 크게 두 가지로 나누어진다. 즉 첫째 부분은 처음에 있는 세 가지 계명인데, 이것은 하느님 공경에 관한 것이요, 두 번째 부분은 나머지 일곱 계명으로, 이것은 사람에게 관계되는 계명이다. 이 십계가 포함하는 모든 뜻을 한마디로 요약하면 마태오 복음서 22장 37절 이하에 있는 대로 "네 마음을 다하고 네 목숨을 다하고 네 정신을 다하여 주 너의 하느님을 사랑해야 한다. 네 이웃을 너 자신처럼 사랑해야 한다."이렇게 요약된다. 그러니 십계는 하느님을 사랑하고 사람을 사랑하는 사랑의 계명이라 하겠다.

하느님께서 열 가지 계명을 어떻게 반포하셨나?

하느님께서 사람을 만드실 때, 배우지 않고도 선과 악을 알 수 있도록 각 사람에게 양심을 주셨다. 그래서 사람은 죄를 짓게 되면, 소위 "양심의 가책"을 받아, 마음의 불안을 느끼게 된다. 그런데 원조元祖가 죄를 지은 다음부터, 사람들은 양심을 잘 지키지 않으므로, 하느님께서는 모세를 통하여 "시나이"산이라는 곳에서 돌에 새겨진 열 가지 계명을 반포하셨다.

모세는 하느님께서 간택하신, 이스라엘 백성을 이집트의 노예 생활에서 구출한 이스라엘 백성의 위대한 지도자였다.

"십계명"은 가톨릭 신자들의 윤리 생활의 골자를 이루며, 가톨릭 교리 중 계명 편의 중심이 되고 있다. "십계명"은 모세가 이스라엘 백성을 이집트에서 구출한 사실을 기록한 "탈출기"라는 구약 성경 20장 1절에서 17절까지에 쓰여져 있다. 그런데 성경을 직접 보면, 1계·2계의 구별이 명확치 않으며, 또한 성경을 전문으로 공부하지 않은 우리가 그 뜻을 알아듣는다는 것은 어려운 일이다. 그래서 쉽게 알아들을 수 있도록 성경에서 가려 뽑은 것이 오늘의 "십계명"이다. 지금 우리가 외우고 있는 것은 5세기에 아우구스티노 성인이 요점을 뽑아 분류한 것이다.

일. 한 분이신 하느님을 흠숭하여라

 "한 분이신 하느님"은, 우리가 믿어야 하는 하느님은 하나밖에 없다는 것을 말한다. 그러니 우리는, 외교인들이 여러 잡신을 공경하듯 하지 말고, 한 분의 하느님만을 만유 위에, 즉 모든 것보다 위에 받들어야 한다. "흠숭"은 지위가 높은 자 앞에 우리를 낮추고, 그에게 최대의 존경과 복종을 바치는 것을 말한다.

 첫째 계명은, 세상의 무엇보다 하느님을 제일 높이 믿고, 바라고, 사랑하고, 공경하여 받들라는 명령이다. 그러므로 1계에서는 으레 하느님 공경 이외에 다른 물건 공경하는 것을 금한다. 예컨대, 굿이나 무당으로 악신을 섬기거나, 혹은 점술이나 사주를 믿는다든지, 서낭당이나 또는 목패나 해나 달, 동물이나 또는 어떤 나무 앞에 음식을 차려 놓고 비는 따위의 모든 미신을 다 금한다. 교우는 이런 사정에 물론 협력할 수도 없다.

그러면 하느님이 아닌 성모 마리아나 성인들을 공경함이 옳은가?

옳다! 그러나 여기에는 구별이 있어야 한다. 하느님께만 드릴 공경이 따로 있고, 마리아나 성인들께 드릴 만한 공경이 따로 있다. 하느님을 만유 위에 받드는 공경을 "흠숭지례欽崇之禮"라 하는데, 마리아나 성인들께 흠숭지례를 바치면, 이것은 교리에 어긋나는 행동이다.

성모 마리아에게는 "성모송"에서 본 바와 같이, 천사보다도 높은 지위에 있어 다른 성인들과 구별해서, 그러나 하느님 다음으로 공경을 드리는데, 이것을 "상경지례上敬之禮"라고 한다. 다른 성인들에게는 "공경지례恭敬之禮"라 해서 그 다음으로 공경을 드린다. 어떤 이는 천주교는 마리아교라는 우스운 말을 하는데, 이것은 흠숭지례와 상경지례가 무엇인지 모르는 사람들의 말이다.

학생들이 학교에서 선생님들을 공경할 때, 제일 높이 공경해야 할 분은 교장 선생님이요, 그 다음은 자기를 담

당해서 가르치는 담임 선생님일 것이요, 그 다음으로 다른 여러 선생님들을 공경해야 한다. 하느님과 마리아와 성인들께 대한 공경이 서로 다른 것도 이와 비슷하다.

이. 하느님의 이름을 함부로 부르지 마라

　사람들이 모르는 일, 또는 내 마음속에 있는 생각을 사람들이 알아주지 않을 때, 이것을 확실한 것으로 드러내기 위해서 하느님을 불러, 그것의 참됨을 증명하고자 함부로 하느님의 이름을 부를 수 있다.

　둘째 계명은, 거룩하신 하느님의 이름을 불러서 거짓 맹세를 하지 말고, 하느님의 이름을 정성되이 부를 것이며, 만일 하느님께 맹세나 혹은 좋은 일을 하겠다고 약속을 했으면, 그것을 옳게 지키라는 말씀이다. 옛날 구약 시대의 사람들은 하느님의 이름을 무서워 감히 부르지도 못하고 "주主"라고 했다.

　남에게 거짓말을 해야겠는데 상대방이 들어 주지 않으니까, "나 하느님께 맹세하니까 내 말을 들어라!"하는 따위가 헛맹세이다. 비록 자기는 참된 것으로 믿고 말하지만 실제로는 자기도 모르는 어떤 거짓이 들어 있을 수도 있으니, 함부로 사소한 일에 벗들과 이야기하면서 하느님을 걸어 맹세하는 것을 둘째 계명이 엄금한다.

삼. 주일을 거룩히 지내라

"주일"은 하느님의 날이다.

엿새 동안 육신 일을 하고, 일요일 하루는 하느님의 날이니, 이 날은 육신에 힘드는 일, 예컨대 논밭에서 일하는 것, 공장에서 일하는 것 등을 그만두고 하느님을 특별히 공경하라는 날이다. 그래서 이 날 우리는 성당에 가서 미사 참례를 하고, 기타 다른 기도나 교리 공부나 착한 일을 하면서 하느님의 날답게 거룩하게 지내야 한다.

주일을 지켜야 하는 것은 하느님의 명령이므로, 세계 어느 곳이든지 일요일은 공휴일로 되어 있다.

사. 부모에게 효도하여라

넷째 계명은 부모님을 받들어 극진한 효성을 드리라는

말씀인데, 이것은 셋째 계명으로 하느님 공경에 대한 계명이 끝나고, 사람에 관한 계명 중에 제일 먼저 나오는 계명이다. 하느님께서도 부모 공경을 이렇게까지 중요시한다.

    그러나 이것은 부모만을 공경하라는 계명은 아니다. 부모 공경말고도, 부모가 자녀에게 해야 할 본분, 부부끼리 해야 할 본분, 선생과 학생 사이의 본분, 신도가 교회에 할 본분, 국민이 국가에 할 본분, 집주인과 품꾼이나 하인과의 본분이 모두 포함된다.

오. 사람을 죽이지 마라

    다섯째는 사람을 죽이지 말라는 말씀으로 사람의 생명을 보호하는 계명이다.

    역시 사람을 죽이는 것만을 금하시는 것은 아니다. 이것 밖에도 자살하는 것, 까닭 없이 남을 때려 남의 육신에 상처를 주는 것, 남의 영혼에 해를 끼치는 것, 연고 없이 자기의 지체를 상하게 하는 것, 아직 배 속에 든 아이를 낙태시키는 것, 목숨을 걸고 결투하는 것, 남에게 나쁜 표양을 보이는 것, 형제나 다른 사람들과 원수를 맺는 것,

이런 것이 모두 다섯째 지명에 걸리는 죄들이다. 물론, 법에 의해서 정당한 이유로 국가에서 사람을 죽인다든지 벌하는 것은 상관없다.

오계를 거슬러 죄를 지었으면, 그 손해를 기워 갚을 의무가 따른다.

육. 간음하지 마라

간음 姦淫 은 부부가 아닌 남녀간의 성적 관계를 일컫는다.

여섯째 계명은 사람의 정조를 보호하는 계명이다. 그래서 정당한 부부 관계 이외의 모든 정조 남용을 엄금한다. 정당한 부부가 아닌 남녀끼리, 혹은 같은 남자나 같은 여자끼리, 혹은 혼자서 음행을 하는 모든 추루한 행동이 다 육계에 걸리는 죄다. 부정한 물건을 바라본다든지, 음란한 책을 본다든지, 음탕한 말이나 노래를 부른다든지, 또 음란한 죄의 모든 기회까지 다 금한다.

육계를 거슬러 남에게 해를 끼쳤으면 기워 갚아야 한다.

칠. 도둑질을 하지 마라

"도둑질"이라 함은, 부당하게 남의 물건을 빼앗는 것을 일컫는다. 일곱째 계명은 재산 소유권을 보호한다.

여기서 말하는 도둑질에는 여러 가지가 포함된다. 즉 힘으로 남의 물건을 불의하게 빼앗는 것, 남에게 손해를 끼치는 것, 다른 이와 함께 도둑질을 하는 것, 자기의 재산을 헛되이 함부로 쓰는 것등이 다 포함된다.

칠계를 거슬러 남에게 손해를 끼쳤으면, 역시 이것을 갚아 줄 의무가 있다.

팔. 거짓 증언을 하지 마라

여덟째 계명은 한마디로 거짓말을 하지 말라는 계명이다. 따라서 팔계는 명예를 보호한다. 그러므로 남을 속여, 거짓말이나 말로써 손해를 끼치는 모든 행동을 금한다. 말로써 남에게 손해를 끼치는 행동에는 거짓말, 다른 사람끼리 서로 마음을 상하게 하는 이간질, 남을 깔보아 욕하는 짓, 남을 그릇 되이 함부로 판단하는 것, 지켜야 할 비밀을 함부로 말하는 것 등이 다 들어간다. 이러한 행동으로 남에게 손해를 끼쳤으면 역시 갚아야 할 의무가 있다.

구. 남의 아내를 탐내지 마라

아홉째는 여섯째서 금한 모든 행동을, 하고자 하는 마음까지 금한다. 즉 음행하고 싶어하는 생각이라든지, 이전에 범한 음행을 다시 생각하면서 더러운 생각을 가진다든지, 또는 지금 추루한 생각을 하면서 즐거워하는 것 등을 금한다.

십. 남의 재물을 탐내지 마라

열째는 다른 사람의 돈이나 재산을 탐내지 말라는 말이다. 역시 일곱째 계명에서 말하는 도둑질의 행동을, 여기서는 그 마음까지 금한다. 예컨대, 남을 속여 도둑질할 마음, 남에게 손해를 끼쳐 가며 돈을 모을 생각, 자기 취직을 위해 남이 그 취직에서 떨어지기를 바라거나, 누가 어서 죽어서 자기가 그 재물을 차지하면 좋겠다는 생각 등을 다 금한다.

고백 기도

전능하신 하느님과 형제들에게 고백하오니

생각과 말과 행위로 죄를 많이 지었으며

자주 의무를 소홀히 하였나이다.

(가슴을 치며) 제 탓이요,

(가슴을 치며) 제 탓이요,

(가슴을 치며) 저의 큰 탓이옵니다.

그러므로 간절히 바라오니

평생 동정이신 성모 마리아와

모든 천사와 성인과 형제들은

저를 위하여 하느님께 빌어 주소서.

(+ 전능하신 하느님, 저희에게 자비를 베푸시어

죄를 용서하시고

영원한 생명으로 이끌어 주소서.)
아멘.

　우리가 지은 죄를 고백하는 기도문이기 때문에 "고백 기도"라고 한다. 이는 교회가 만든 준성사準聖事(예수님께서 우리에게 필요한 은총을 주시기 위해서 만드신 일곱 가지 성사가 있는데 이 성사를 본받아 교회에서 만든 의식을 준성사라고 한다.)이므로, 이것을 바치는 사람의 열심과 정성에 따라 죄의 용서를 받을 수 있는 기도문이다. 그러기에 미사가 시작되는 때와, 죄의 용서를 받는 고해성사 때 이 기도를 바친다. 자기가 죄인임을 스스로 알고 겸손되이 바치는 진실한 죄인의 기도문인 "고백 기도"는 8세기 이후부터 기도문의 형태를 가지게 되었으며, 그 이전에는 일정한 기도문 없이, 몸을 깊숙이 굽혀 죄를 고백했었다. "고백 기도"는 두 부분으로 나누어지는데, 첫째는 하느님과 모든 천사와 성인과 형제들에게 죄를 고백하는 부분이고, 둘째는 천사들과 성인들에게 우리가 죄의 용서를 받도록 도움을 청하는 부분이다.

전능하신 하느님과

우리가 죄를 고백하되, 먼저 전능하신 하느님께 죄를 고백한다. 왜냐하면, 우리가 죄를 지어 하느님의 마음을 상해 드렸기 때문이다.

형제들에게 고백하오니

우리는 언제나 가족과 함께 그리고 이웃과 함께 살아간다. 그래서 하느님께 일차적으로 죄를 짓지만 다음으로 형제들에게 죄를 범했으니 형제들 앞에서의 죄 고백은 당연하다.

생각과 말과 행위로 죄를 많이 지었으며
자주 의무를 소홀히 하였나이다

이제 죄를 고백하려고 생각해 보니, 과연 죄가 많은 것을 느끼게 된다.

  그럼 심히 많은 죄를 어떻게 지었단 말인가? 우리는 죄를 세 가지 모양으로 짓는다. 즉 첫째로는, 나쁜 생각을 마음에 두어 입으로 나쁜 말을 하든지 거짓말을 하여 말로써 죄를 짓고, 둘째는, 나쁜 짓을 하여 행동으로써 죄를 짓게 되고, 셋째는, 내가 해야 할 일을 하지 않았기 때문에 죄를 짓게 된다. 우리의 의무를 소홀히 하는 것도 죄가 된다.

제 탓이요

제 탓이요

저의 큰 탓이옵니다

  "제 탓이요" 할 때 가슴을 쳐야 한다. 가슴을 치는 까닭은, 내가 지은 죄는 나의 잘못으로 된 것이지 남의 탓이 아니며, 또 내가 잘못했으니, 바로 내 자신이 그 죄를 뉘우치고 아파한다는 뜻으로 가슴을 친다. 흔히 사람들은 크게 일을 잘못했을 때 가슴을 치면서 후회하고 답답해한다. 이것과 마찬가지다.

그럼 왜 가슴을 세 번 칠까? 그 까닭은, 우리가 세 가지 모양으로, 즉 생각이나 말로, 그리고 행동으로 죄를 지었고 의무를 소홀히 해서 죄를 지었기 때문에 이것을 각각 후회하면서 아파한다는 뜻으로 세 번 친다.

<u>그러므로 간절히 바라오니</u>
<u>평생 동정이신 성모 마리아와</u>
<u>모든 천사와 성인과 형제들은</u>
<u>저를 위하여 하느님께 빌어 주소서</u>

우리가 지은 많은 죄를 알아내어 고백했고, 또 그것이 나의 탓이라는 것도 알아서 후회하고 아파했다.

이러고 보니, 죄인인 내가 하느님께 기도하기에는 스스로 부당함을 느끼고, 죄인인 나를 위해서 하느님께 기도해 주실 것을 비는 뜻에서 성인, 성녀들을 불러 하느님께 전구해 달라고 기도한다.

전능하신 하느님, 저희에게 자비를 베푸시어

죄를 용서하시고

영원한 생명으로 이끌어 주소서

* 자비는 크게 사랑하고 크게 불쌍히 여기는 것을 말한다.

자비하신 하느님께서는 우리의 모든 죄악과 허물을 용서하시어 없애 주시고, 당신께 죄를 고백한 우리를 불쌍히 생각하셔서 우리의 죄를 없이하시고, 우리를 천당 영복으로 이끌어 주소서 하는 기도문이다.

통회 기도

하느님,

제가 죄를 지어

참으로 사랑받으셔야 할

하느님의 마음을 아프게 하였기에

악을 저지르고 선을 멀리한 모든 잘못을

진심으로 뉘우치나이다.

하느님의 은총으로 속죄하고

다시는 죄를 짓지 않으며

죄지을 기회를 피하기로 굳게 다짐하오니

우리 구세주 예수 그리스도의 수난 공로를 보시고

저에게 자비를 베풀어 주소서.

아멘.

우리가 지은 죄를 뉘우치는 기도문이기 때문에 "통회 기도"라고 한다. 이것은 죄를 참회하는 아름다운 기도문이기에, 천주교회에서 죄를 사하는 고해성사 때 이것을 사제 앞에서 외운다.

하느님,

제가 죄를 지어

우리는 누구든지 하느님 앞에 죄인이다. 마음으로 뉘우치기 전에 먼저 범죄의 사실을 인정해야 되기 때문이다.

참으로 사랑받으셔야 할

하느님의 마음을 아프게 하였기에

악을 저지르고 선을 멀리한 모든 잘못을

진심으로 뉘우치나이다

죄를 범했다는 것은 곧 상대방의 사랑과 은혜를 배반한 것이나 다름이 없다. 상대방의 사랑과 은혜를 사랑과 은혜로 받아들이지 못했을 때 우리는 죄 의식을 느끼게 된다. 우리가 죄를 지었기 때문에 실제로 하느님께 상처가 가는 것은 아니다. 다만 인간적인 표현이고 신학적으로 표현하자면 하느님의 신성에 누를 끼쳤다는 뜻이다. 악을 저지른다는 것은 하느님의 뜻을 거역한 것이고, 선을 소홀히 한 것은 하느님 앞에 우리가 해야 할 의무를 하지 않은 것이다.

하느님의 은총으로 속죄하고

우리가 지은 죄에 대하여 주님의 은총으로 보상을 치른다는 뜻이다.

다시는 죄를 짓지 않으며
죄지을 기회를 피하기로 굳게 다짐하오니

다시는 죄를 짓지 않겠다는 결심이다. 그러나 중요한 것은 범죄의 기회를 미리 피하는 것이다. 나약한 인간이기에 범죄의 기회가 있으면 죄에 떨어지게 마련이다. 예로부터 성인들은 범죄의 기회를 미리 피하라고 가르친다.

우리 구세주 예수 그리스도의 수난 공로를 보시고
저에게 자비를 베풀어 주소서

십자가의 수난은 전 인류의 죄를 씻고도 남음이 있다. 우리가 구원의 은혜를 받을 수 있는 것도 그리스도께서 우리 죄를 대신 지시고 십자가에서 속죄를 하셨기 때문이다. 그래서 우리가 지은 죄를 십자가의 수난으로 용서해 달라는 뜻이다.

삼덕송

신덕송

하느님, 하느님께서는 진리의 근원이시며

그르침이 없으시므로

계시하신 진리를

교회가 가르치는 대로 굳게 믿나이다.

망덕송

하느님, 하느님께서는 자비의 근원이시며

저버림이 없으시므로

예수 그리스도의 공로를 통하여 주실

구원의 은총과 영원한 생명을 바라나이다.

애덕송

하느님, 하느님께서는 사랑의 근원이시며

한없이 좋으시므로

마음을 다하여 주님을 사랑하며

이웃을 제 몸같이 사랑하나이다.

"덕德"이란 죄를 피하고 착한 일을 오랫동안 되풀이해서 이루어진 좋은 습관을 말한다. 덕행에는 여러 가지가 있으나, 그중에서도 특히 사람을 직접 하느님께로 향하게 하는 것이 신덕信德·망덕望德·애덕愛德이다. 그래서 이것을 향주덕向主德이라고도 한다. "송誦"은 기도문을 외워 바친다는 뜻이다.

1. 신덕송

하느님께 대한 믿음을 드러내는 기도문이다. 우리가 믿되, 한번 기분이 좋아서 기분에 따라 믿는 것이 아니고,

확실한 믿음의 근거를 두고서 믿지 않을 수 없게 된 습성을 신덕이라고 한다. 이 신덕은 사람의 힘으로 되는 것이 아니고, 하느님이 주시는 은혜로 되는 것이다. 전 세계 10억이나 되는 신자들이 한결같이 빵 형상으로 된 성체 앞에 무릎을 꿇는 것이 어떻게 사람의 힘이라고 하겠는가? 우리가 제일 먼저 필요한 것이 신덕이다. 왜냐하면, 확실한 믿음이 없이는 신앙생활을 할 수 없기 때문이다.

하느님, 하느님께서는 진리의 근원이시며 그르침이 없으시므로

이 말씀에서 우리가 믿어야 할 이유를 찾게 된다. 즉 하느님은 모든 진리의 근원이시고 그르침이 없기 때문에 우리가 하느님을 믿게 되는 것이다. 믿는 것은 아는 것과 다르다. 초등학교 아이들은 이 지구가 해를 돌고 있다는 사실을 알 수 없고, 다만 그것을 말씀하시는 선생님의 권위를 보고서 믿는 것이다. 우리가 하느님을 믿는 것도 우리가 그 교리 내용을 다 알아듣기 때문이 아니며, 그것이 우리 구미에 맞기 때문도 아니다. 오직 하느님께서는 거짓을 말할 수 없는, 진실하신 분이시기 때문에 그 진실의 권위 앞에 머리를 숙이는 것이다. 이것이 곧 믿음이다. 진실하신 하느님은 사람들처럼 우리를 속이지도 않으시고 또 스스로 속을 수도 없는 분이기 때문에, 우리는 그분의 권위를 보아서 믿는다.

계시하신 진리를
교회가 가르치는 대로 굳게 믿나이다

여기서는 우리가 믿되 무엇을 믿어야 하는가 하는 대답을 가르쳐 준다. 우리가 믿어야 할 것은 "계시하신 진리"이다. "계시啓示"는 하느님께서 우리에게 가르쳐 주신 진리를 말한다. 그리스도께서는 성경과 성전을 통해서 우리에게 직접 하늘 나라의 진리를 가르쳐 주셨는데, 그것을 계시라 하고, 이 계시된 진리, 즉 참 진리의 길을 교회가 권위 있게 오늘 우리에게 가르쳐 준다. 예수님으로부터 배운 교리를 교회는 틀리지 않게 한결같이 우리에게 가르쳐 주고 있다. 그러므로 우리는 교회의 가르침을 곧 그리스도의 가르침으로 알고 조금도 의심하지 않고 이를 받아들인다.

2. 망덕송

우리가 하느님을 희망하고 바라는 덕을 망덕望德이라고 한다. 우리가 무엇을 믿을 때는 반드시 어떤 것이 이루어지리라는 희망을 걸고 믿게 된다. 그러므로 망덕송은 신덕의 내용을 가르쳐 주는 것이라고 할 수 있다.

하느님, 하느님께서는 자비의 근원이시며

저버림이 없으시므로

우리가 망덕을 가져야 하는 이유를 말한다. 왜 우리가 희망을 걸고 믿는가 하면, 하느님은 자비의 근원이시고 우리를 저버리지 않으시고 우리에게 약속하신 대로 해주실 분이시기 때문이다.

예수 그리스도의 공로를 통하여 주실

구원의 은총과 영원한 생명을 바라나이다

우리가 무엇을 희망하고 바라는가에 대한 해답이다. 여기서 우리가 바랄 수 있는 것은 두 가지가 있다.

첫째는 그리스도께서 이 세상에 사는 우리에게 당신의 은혜를 주시겠다고 했으니, 약속하신 대로 이 은혜를 주실 것을 바란다. 하느님의 은혜가 없이 우리의 힘만으로는 구령할 수 없기 때문이다.

둘째는, 이 세상이 지난 다음 후세에 가서는 우리에게 영원한 생명, 즉 천국의 영원한 복락을 주실 것을 간절히 바란다.

하느님께서는 이 두 가지를 주실 것을 약속하셨다. 사람들은 흔히 주겠다고 약속만 하고 주지 않는 수가 있으나, 하느님은 절대로 그렇지 않으시다.

그러므로 우리는 여기에 온 희망을 걸고 굳게 바라야 한다. 바라지도 않는 자에게는 하느님께서 은혜를 주실 리 없기 때문이다.

3. 애덕송

하느님께서 하신 모든 말씀을 "사랑"이란 한마디로 요

약할 수 있다. 그러기에 요한 사도가 이르기를 "하느님은 사랑이십니다."라고 하였다. 그러므로 하느님께 사랑을 드러내는 애덕송愛德誦은 모든 덕행의 중심이 아닐 수 없다.

<u>하느님, 하느님께서는 사랑의 근원이시며</u>

우리가 하느님을 사랑해야 할 첫째 이유이다. 하느님은 모든 사랑의 근원이시기 때문이다.

<u>한없이 좋으시므로</u>
<u>마음을 다하여 주님을 사랑하며</u>

하느님께서는 지극히 좋으시기에 사랑을 받아야 한다. 이것이 우리가 하느님을 사랑하는 둘째 이유이다. 꽃밭에 피어 있는 꽃이 아름답기에 사람들은 그것을 좋아하고 사랑한다. 그렇다면 이 세상의 모든 아름다움이 흘러나온, 아름다움의 샘이신 하느님께서는 과연 얼마나 아름다울 것인가! 그러므로 우리는 "마음을 다하여"하느

님을 "사랑"하는 것이다. "마음을 다하여"하는 것은 마음속으로부터 진정으로 사랑한다는 뜻이다. 진심으로 사랑하되 누구보다도, 부모보다도, 형제보다도, 애인보다도, 국가보다도, 세상 무엇보다도 하느님을 최대로 사랑한다는 뜻이다.

이웃을 제 몸같이 사랑하나이다

하느님 다음으로 누구를 사랑해야 하는가에 대한 둘째 번 대답이다. 첫째는 하느님을, 둘째로는 사람을 사랑하겠다는 뜻이다.

왜 사람을 사랑해야 하는가?

우리가 하느님을 사랑한다면, 하느님의 물건도 사랑하지 않을 수 없다. 하느님의 물건은 이 세상 만물이다. 그중에서 가장 귀한 것은 천사와 사람인데, 이것을 우리는 다른 것보다 더 사랑해야 한다. 우리가 집주인을 사랑한다면 그 집안의 모든 가족들도 동시에 사랑하게 되는 것과 같이 하느님을 사랑하니까 하느님의 한 가족이 될 사람도 사랑하지 않을 수 없다. 그러나 집주인에 대한 사랑과 다른 가족들에 대한 사랑이 같아서는 안 되듯이, 사람에 대한 사랑이 하느님께 대한 사랑과 같아서는 안 되고 구별이 있어야 함은 말할 것도 없다.

"이웃을 네 몸같이 사랑하라."함은 자기 몸과 똑같이 사랑하란 말은 아니다. "그러므로 남이 너희에게 해 주기를 바라는 그대로 너희도 남에게 해 주어라."(마태 7,12) 하신 말씀대로, 우리가 싫어하는 것을 남에게 하지 말고, 우리가 좋아하는 것을 남에게 베푸는 정도로 남을 사랑하라는 뜻이다.

신덕, 망덕, 애덕 중 신덕과 망덕은 이 세상에서만 있을 수 있고, 천국에 가면 안개같이 사라진다. 그러나 천국에서도 하느님을 사랑해야 하니까, 애덕은 영원히 없어지지 않고 계속되는 것이다. 그러므로 바오로 사도는 "이제 믿음과 희망과 사랑 이 세 가지는 계속됩니다. 그 가운데에서 으뜸은 사랑입니다."(1코린 13,13)라고 하였다.

봉헌 기도

하느님, 저를 사랑으로 내시고

저에게 영혼 육신을 주시어

주님만을 섬기고 사람을 도우라 하셨나이다.

저는 비록 죄가 많사오나

주님께 받은 몸과 마음을 오롯이 도로 바쳐

찬미와 봉사의 제물로 드리오니

어여삐 여기시어 받아 주소서.

아멘.

"봉헌 기도"는 지금까지의 모든 기도문의 총결론이라고 할 수 있는 기도문이다. 우리가 받은 모든 것을 하느님께 오롯이 바치는 내용이기 때문에 "봉헌 기도"라고 한다.

하느님, 저를 사랑으로 내시고
저에게 영혼 육신을 주시어

우리가 하느님께 무엇을 바치기 전에 먼저 우리가 받은 것이 무엇인지를 알아야 한다. 우리는 사랑의 동물인데, 이것은 오로지 사랑 자체이신 하느님께로부터 받은 것이고, 우리는 또한 동물이 할 수 없는 하느님 공경을 할 수 있다는 특권도 받은 것이다. 왜냐하면 하느님께서는 우리에게 육신과 영혼을 동시에 주셨기 때문이다.

주님만을 섬기고 사람을 도우라 하셨나이다

우리가 사랑으로 창조된 것과 영혼을 가지게 된 것은, 오로지 주님을 사랑할 줄 알고 하느님을 알아 공경함으로써 더 큰 사랑을 받기 위한 것이고, 다음으로는 다 같은 하느님의 자녀들인 인간에게 사랑과 의리를 바치기 위함이다.

저는 비록 죄가 많사오나
주님께 받은 몸과 마음을 오롯이 도로 바쳐

나는 비록 죄인이지만, 즉 하느님의 뜻대로 살지 못했지마는 이제부터는 하느님이 주신 몸과 마음을 고스란히 하느님의 뜻에 따라 바치겠다는 뜻이다.

찬미와 봉사의 제물로 드리오니
어여삐 여기시어 받아 주소서

마치 하느님의 아들이신 예수 그리스도께서 십자가의 제물이 되시어 천주 성부께 바쳐진 것처럼, 우리의 모든 행위도 오로지 하느님을 찬미하고 봉사하는 뜻으로 하여 하나의 제물로 드리겠사오니, 어여삐 여기시어 받아 주소서 하는, 자기 자신을 온전히 바치는 아름다운 기도문이다.

우리 인간은 이 세상에 태어날 때 우리가 원해서 태어난 것은 아니다. 우리의 선택으로 이루어진 우리의 생명이 아니다. 그분이 주신 것이다. 깡그리 공짜로 주셨으니 우리도 그분께 우리의 모든 삶을 바쳐서 그분이 약속하신 영원한 생명을 얻어야 하는 것이 우리 인생의 마지막 목적이다. 주신 그분께 모든 것을 바쳐서 영원한 보화를 받는 기도문이다.

삼종 기도

○ 주님의 천사가 마리아께 아뢰니

● 성령으로 잉태하셨나이다.

성모송

○ "주님의 종이오니

● 그대로 제게 이루어지소서!"

성모송

○ 이에 말씀이 사람이 되시어

● 저희 가운데 계시나이다.

성모송

○ 천주의 성모님, 저희를 위하여 빌어 주시어

● 그리스도께서 약속하신 영원한 생명을 얻게 하소서.

+ 기도합시다.
하느님, 천사의 아룀으로
성자께서 사람이 되심을 알았으니
성자의 수난과 십자가로
부활의 영광에 이르는 은총을
저희에게 내려 주소서.
우리 주 그리스도를 통하여 비나이다.
◎ 아멘.

    삼종은 종을 세 번 친다는 말이다. 이 기도를 바치라는 표시로써 종을 세 번씩 친다. 이 종소리를 듣고 외우는 기도라 해서 "삼종 기도"라 한다.

    삼종은 이렇게 친다. 즉 먼저 땡! 땡! 땡! 세 번 치고, 약간 쉬었다가 다시 땡! 땡! 땡! 세 번 치고, 또 약간 쉬었다가 땡! 땡! 땡! 세 번 친 다음 계속해서 댕그랑 친다. 종을 세 번씩 치는 이유는, 예수님의 강생 구속 도리가 셋으로 나뉘어 있기 때문이다. 이렇게 삼종을 세 번씩 침으로 다른 종소리와 구별 지어 삼종 기도 종소리임을 알리는 편리한 점도 있다.

삼종 기도는 언제 어떻게 시작되었나?

예수님이 탄생하신 팔레스티나 성지를 무슬림들이 차지하고 있을 때, 이것을 되찾기 위해서 11세기에 십자군이란 군대가 일어났다. 십자군이 성지 회복을 위해 떠날 때, 이들의 승리를 위해서 성당 종을 세 번 치면 기도를 바치라는 데서부터 시작되었다. 십자군의 시대가 지난 다음에도 그때 교우들은 그 아름다운 관습을 그대로 이어받아 기도를 바쳤다. 그래서 이것이 13세기부터는 널리 전파되기 시작했다. 처음에는 소위 만종晩鐘이라 해서 저녁에만 바쳤던 것이, 차차 아침에도 바치게 되었고, 얼마 후에는 정오에도 바치게 되었다 한다. '밀레'의 "만종"이란 것이 바로 저녁 삼종을 말한다. 그때부터 오늘에 이르기까지 교우들이 밭에서나, 공장에서나, 길에서나 삼종 소리를 들으면 일하던 것을 중단하고 삼종 기도를 바치는 것은, 가톨릭에서만 볼 수 있는 아름다운 기도의 행동이다. 종이 있는 성당이면 언제든지 하루에 적어도 세 번은 삼종 종소리가 울린다.

주님의 천사가 마리아께 아뢰니
성령으로 잉태하셨나이다

"마리아께 아뢰니"함은, 천사가 마리아께 어떤 사실을 알려 드린다는 말이다. "잉태"는 아이를 밴다는 뜻이다.

하늘의 천사가 마리아께 구세주의 탄생을 미리 알려 주었다. 이래서 성령의 힘으로 예수님이 마리아의 태胎 속에 배이게 되었다. 그러므로 한 남자와 한 여자의 결합으로 예수님이 잉태된 것이 아니다. 성령의 전능한 힘에 의해서, 남자의 간섭이 전연 없이, 마리아의 몸을 빌려 잉태되셨다. 그래서 마리아는 처녀로서 예수님을 낳았다.

일종은 예수님이 탄생할 것을 알리는 말씀이다. 일종이 끝나면 성모송을 한 번 바치고 이종을 시작한다. 성모송을 외우는 것은, 삼종 기도가 그리스도의 탄생과 성모님을 중심으로 되어 있기에, 마리아께 대한 기도문을 바치는 것이 극히 자연스러운 일이기 때문이다. 성모송에는 또한 천사의 인사말이 들어 있어, 삼종 기도의 내용과 직접적인 관계가 있기 때문이다.

> "주님의 종이오니
> 그대로 제게 이루어지소서!"

하느님의 말씀대로 저에게 이루어지게 하소서 하면서, 하느님의 뜻을 그대로 받아들이시는 성모님의 지극한 겸손과 순명의 정신이 엿보인다. 성모님께서 천사의 아룀을 겸손되이 받아들인 것을 기념하는 뜻에서, 우리는 3월 25일에 주님 탄생 예고 대축일을 지내고 있다.

일종과 이종에 나타나는 주님 탄생 예고의 장면이 루카 복음서 1장 26절 이하에 잘 나타나 있다. 천사와 마리아 사이의 대화는 다음과 같다.

천 사: "이제 네가 잉태하여 아들을 낳을 터이니 그 이름을 예수라 하여라."
마리아: "저는 남자를 알지 못하는데, 어떻게 그런 일이 있을 수 있겠습니까?"

천　　사: "성령께서 너에게 내려오시고 지극히 높으신 분의 힘이 너를 덮을 것이다. 그러므로 태어날 아기는 거룩하신 분, 하느님의 아드님이라고 불릴 것이다."

마리아: "보십시오, 저는 주님의 종입니다. 말씀하신 대로 저에게 이루어지기를 바랍니다."

"저는 남자를 알지 못하는데…."이 말은, 처녀인 당신이 아이를 낳을 것이라니 깜짝 놀라 하시는 말씀이니, 이것으로써도 마리아가 처녀의 몸이었다는 것이 똑똑히 드러난다. 그 후에도 마리아는 계속해서 처녀로 사셨기에 평생 동정平生童貞이라 한다.

이에 말씀이 사람이 되시어

저희 가운데 계시나이다

"말씀"은 성부의 아들인 예수 그리스도를 말한다. 요한 사도가 쓴 복음 성경에서 그리스도를 "말씀"이라고 표현했다. 이것은 어려운 삼위일체의 문제인데, 여기서 자세히 말할 수는 없고, 간단히 요약해서 말한다면, 천주 성부의 뜻이 성자를 통해서 밝혀졌기 때문이다. 마치 우리의 생각이 말로써 표현되듯이, 천주 성부의 뜻을 성자께서는 우리에게 직접 말씀을 통해서 가르쳐 주신 분이기 때문에 성자를 "말씀"이라고 표현하기도 한다.

그 말씀이 우리와 같이 사람이 되시어 우리와 같이 계시게 되었다는 뜻이다.

> 천주의 성모님, 저희를 위하여 빌어 주시어
> 그리스도께서 약속하신 영원한 생명을 얻게 하소서

마리아가 낳은 예수님께서 하느님이시므로 마리아는 하느님의 어머니시다. 그런 높은 지위에 있는 성모님께, 저희를 위하여 빌어 주시어 저희로 하여금 그리스도께서 미리 약속하신 구원의 은혜를 받게 해 달라는 내용의 기도문이다.

> 기도합시다
> 하느님, 천사의 아룀으로
> 성자께서 사람이 되심을 알았으니

그리스도께서 이 세상에 오시는데, 중개자인 천사의 말씀을 통해서 그리스도께서 사람이 되심을 알았다는 뜻이다.

> 성자의 수난과 십자가로
> 부활의 영광에 이르는 은총을
> 저희에게 내려 주소서

그리스도께서는 이 세상에 오시어 마지막 부활로써 승리를 거두셨다. 우리의 최후 승리도 이후에 우리의 부활로써 이루어진다. 그런데 그리스도의 부활은 십자가의 고통을 통해서 이루어진 것이다. 여기서 우리는 그리스도 신자들의 생활 원칙을 찾을 수 있다. 즉 우리가 마지막으로 바라는 우리의 부활도 십자가의 고통을 거치지 않고는 될 수 없다는 것이다. 그러므로 십자가 없이는,

다시 말하면 세상의 여러 고통을 거치지 않고는 결코 부활의 영광을 얻을 수 없다. 세상에서 당하는 우리의 고통이 이 다음 부활의 영광으로 변하리라는 것을 생각할 때, 우리는 고통을 얼마나 잘 참아 받아야 할 것인가! 고통은 부활을 얻는 유일한 방법이다.

우리 주 그리스도를 통하여 비나이다

그리스도는 하느님과 사람 사이의 중개자로서, 범죄한 인간과 선하신 하느님과를 서로 화해해 주는 역할을 한다. 원조들의 범죄로 땅에서 천국으로 가는 다리가 끊어졌다. 이 끊어진 다리를 다시 놓는 분이 곧 그리스도시다. 이 다리를 거치지 않고는 결코 천국에 가지 못한다. 그러므로 그리스도를 통하지 않고는 모든 천상의 은혜를 받을 수도 없고 우리의 구령도 있을 수 없다. 그러므로 교회에서 만든 기도문의 대부분은 "그리스도를 통하여 비나이다"라고 끝맺는다.

부활 삼종 기도

○ 하늘의 모후님, 기뻐하소서. 알렐루야.

● 태중에 모시던 아드님께서, 알렐루야.

○ 말씀하신 대로 부활하셨나이다. 알렐루야.

● 저희를 위하여 하느님께 빌어 주소서. 알렐루야.

○ 동정 마리아님, 기뻐하시며 즐거워하소서. 알렐루야.

● 주님께서 참으로 부활하셨나이다. 알렐루야.

＋ 기도합시다.

하느님, 성자 우리 주 예수 그리스도의 부활로

온 세상을 기쁘게 하셨으니

성자의 어머니 동정 마리아의 도움으로

영생의 즐거움을 얻게 하소서.

우리 주 그리스도를 통하여 비나이다.

◎ 아멘.

"부활 삼종 기도"를 전에는 "희락喜樂 삼종경"이라고 했는데, 이것은 기쁨을 드러내는 기도문이란 뜻이다. 교회가 가장 기뻐하는 때는 부활 시기이다. 그래서 부활 삼종 기도는 가톨릭 달력에 표시되어 있는 대로 주님 부활 대축일부터 성령 강림 대축일까지 바치되, 기쁨을 드러내는 기도문이기 때문에 늘 일어서서 바쳐야 한다.

하늘의 모후님, 기뻐하소서

"모후"란 말은 왕의 어머니라는 뜻이다. 마리아는 왕들의 왕이신 그리스도를 낳았으므로 모후라고 말한다.

알렐루야

"알렐루야"는 "하느님을 찬미하라"는 뜻을 가진 히브

리 말이다. 알렐루야는 부활 시기에 많이 외우는 기도문이다. 마리아께서 그리스도를 잉태하셨으니 기뻐하심이 마땅한 일이다.

태중에 모시던 아드님께서,
말씀하신 대로 부활하셨나이다

마리아께서 낳으신 아들 예수님께서, 당신이 죽은 다음 사흘 만에 다시 살아나겠다고 미리 말씀하신 대로 부활하셨으니 기뻐하시란 뜻이다.

저희를 위하여 하느님께 빌어 주소서

역시 여기서도 성모님은 우리 인간과 하느님 사이의 중개자로 나타나신다. 우리를 대신해서 빌어 달라는 내용이다.

동정 마리아님, 기뻐하시며 즐거워하소서
주님께서 참으로 부활하셨나이다

당신 아들 예수님께서 참으로 부활하셨으니, 이제는 십자가의 수난을 다 씻어 버리고 어머니로서의 마음의 상처도 다 씻어 버리고 기뻐하시란 뜻이다.

기도합시다

하느님, 성자 우리 주 예수 그리스도의 부활로

온 세상을 기쁘게 하셨으니

그리스도의 부활은 온 세상 사람들을 기쁘게 한다. 왜냐하면, 부활은 죄악·마귀·죽음에 대한 완전한 승리의 표시이며, 또한 우리 부활의 보증이 되는 까닭이다. 예수님께서 부활하시지 않았던들 우리의 믿음은 헛될 것이고, 우리의 영생에 대한 희망조차 없을 것이기 때문이다.

성자의 어머니 동정 마리아의 도움으로

영생의 즐거움을 얻게 하소서

우리 주 그리스도를 통하여 비나이다

그리스도의 부활은 우리에게 영원한 생명을 약속한 것

이나 다를 바가 없다. 우리도 부활하신 그리스도와 함께 영생의 기쁨을 얻기 위해서 마리아의 전달을 구하되, 그리스도를 통하여 비는 것이다.

묵주 기도

환희의 신비

1단 마리아께서 예수님을 잉태하심을 묵상합시다.

2단 마리아께서 엘리사벳을 찾아보심을 묵상합시다.

3단 마리아께서 예수님을 낳으심을 묵상합시다.

4단 마리아께서 예수님을 성전에 바치심을 묵상합시다.

5단 마리아께서 잃으셨던 예수님을 성전에서 찾으심을 묵상합시다.

빛의 신비

1단 예수님께서 세례 받으심을 묵상합시다.

2단 예수님께서 카나에서 첫 기적을 행하심을 묵상합시다.

3단 예수님께서 하느님 나라를 선포하심을 묵상합시다.

4단 예수님께서 거룩하게 변모하심을 묵상합시다.

5단 예수님께서 성체성사를 세우심을 묵상합시다.

고통의 신비

1단 예수님께서 우리를 위하여 피땀 흘리심을 묵상합시다.

2단 예수님께서 우리를 위하여 매 맞으심을 묵상합시다.

3단 예수님께서 우리를 위하여 가시관 쓰심을 묵상합시다.

4단 예수님께서 우리를 위하여 십자가 지심을 묵상합시다.

5단 예수님께서 우리를 위하여 십자가에 못 박혀

　　　돌아가심을 묵상합시다.

영광의 신비

1단 예수님께서 부활하심을 묵상합시다.

2단 예수님께서 승천하심을 묵상합시다.

3단 예수님께서 성령을 보내심을 묵상합시다.

4단 예수님께서 마리아를 하늘에 불러 올리심을 묵상합시다.

5단 예수님께서 마리아께 천상 모후의 관을 씌우심을

　　　묵상합시다.

"장미 꽃다발"을 의미하는 묵주 기도는 200번의 "성모송"과 20번의 "주님의 기도"와 "영광송"으로 짜여진, 복되신 동정녀를 찬미하는 기도인데, 묵주 구슬을 굴리면서 바치는 것이다. 묵주 기도는 "성모송" 하나하나가 장미 꽃송이가 되어서 성모님께 한 개의 아름다운 장미 꽃다발을 바친다는 뜻이다. 그리고 여기에는 그리스도의 생애와 고난과 영광에 대한 묵상이 동반한다.

빛의 신비가 나오기 전까지 묵주 기도는 "성모송" 150번, "주님의 기도" 15번으로 짜여진 기도였다.

150편의 성시를 150번의 "성모송"으로 대치하여 묵주 기도를 처음 만들기 시작한 분은 12세기경의 도미니코 성인이었다고 한다. 그런데 나중에 요한 바오로 2세 성인 교황이 "빛의 신비" 5단을 추가하여 200번의 "성모송"을 바치도록 한 것이다.

묵주 기도는 "성모송"을 되풀이해서 바치는 기도인데, "성모송" 10번씩 한 꾸러미로 되어 있어 이것을 "1단"이라고 한다. 그런데 보통 묵주는 20단이 아니고 5단으로 짜여져 있다.

묵주 기도는 어떻게 하는 기도인가? 먼저 손에 묵주를

잡고 십자 성호를 긋고는 예수님의 고상이 붙어 있는 부분에 손을 잡고 먼저 "사도 신경"을 외움으로 시작한다. 다음에 첫 구슬을 넘기면서 "주님의 기도" 한 번, 그리고 다음에 따라오는 구슬 세 개를 넘기면서 "성모송" 세 번을 신덕·망덕·애덕의 증가를 위해 바치고, 다음 "영광송"을 한 번 바친다.

그리고는 제1단부터 시작되는데, 그 단에 해당되는 신비를 간단히 묵상하면서 "주님의 기도" 한 번을 바치고는 구슬 10개를 손으로 넘기면서 "성모송"을 10번 바친다. 마지막에 가서는 "영광송"을 바치고, 또다시 제2단의 신비를 묵상하면서 "주님의 기도" 한 번을 바치고 "성모송"을 10번씩 바쳐 5단까지를 하면 되는 것이다.

묵주 기도를 단마다 바치면서 우리는 신앙의 한 가지 신비를 묵상해야 하는데, 그것은 환희의 신비, 빛의 신비, 고통의 신비, 영광의 신비로 나누어진다. 이것을 각각 간단히 설명하기로 하겠다.

1. 환희의 신비

환희歡喜의 신비는 기쁨을 드러내는 신비이다. 이것은 주로 그리스도의 탄생과 연결된 기쁜 구원의 소식과 연결되는 내용이다.

1단 마리아께서 예수님을 잉태하심을 묵상합시다

인류의 구원이 비롯되는 순간을 묵상한다. 즉 하느님께서 가브리엘 천사를 보내어 마리아에게 그리스도의 어머니가 될 것이라는 소식을 전했을 때 마리아께서 "저는 주님의 종입니다. 말씀하신 대로 저에게 이루어지기를 바랍니다."라는 응답으로써 아기 예수님의 잉태를 수락하신 기쁨을 첫 단에서 묵상하게 된다.

"구하오니 성모님은 하느님께 빌어 주시어, 저희에게 겸손의 덕을 주게 하소서.'

2단 마리아께서 엘리사벳을 찾아보심을 묵상합시다

"엘리사벳"은 마리아의 사촌이었다. 마리아께서 예수님의 어머니가 된다는 천사의 소식을 듣고, 유다의 산악 지방에 사는 엘리사벳을 방문하는 장면이다. 그때 엘리사벳이 성모님의 방문을 너무 기쁘게 생각하면서, 성모송에 나오는 "여인 중에 복되시며, 태중의 아들 예수님 또한 복되시나이다."라는 축하의 인사를 바친 것이다.

"구하오니 성모님은 하느님께 빌어 주시어, 저희에게 하느님을 사랑하고 사람을 사랑하는 덕을 주시게 하소서."

3단 마리아께서 예수님을 낳으심을 묵상합시다

이제 마리아는 인류의 구원자를 낳으신다. 그분이 베들레헴에서 아기 예수님을 낳으실 때 방 한 칸 없이 말 외양간에서 낳으셨다. 특히 여기서는 하늘과 땅의 주인이신 하느님의 아들이 너무나 초라하게 가난하게 오심을 묵상하면서, 우리가 지나치게 물질에 관심을 두는 일을 반성해야 하겠다.

"구하오니 성모님은 하느님께 빌어 주시어, 저희에게도 가난하게 사는 덕을 주시게 하소서."

4단 마리아께서 예수님을 성전에 바치심을 묵상합시다

옛날 유다인들의 풍속에, 아들을 낳으면 40일 만에, 딸을 낳으면 80일 만에 성전에 바치면서 산모를 깨끗하게 하는 취결례取潔禮를 행하는 일이 있었다. 마리아도 유다인들의 풍속을 그대로 받아, 예수님을 성전에서 드리시며 취결례를 행하셨다.

"구하오니 성모님은 저희를 예수님과 한가지로 하느님께 드리소서."

5단 마리아께서 잃으셨던 예수님을 성전에서 찾으심을 묵상합시다

예수님이 12세가 되셨을 때, 마리아와 요셉은 예수님과 함께 그 당시 가장 큰 축일이었던 "파스카" 축일을 맞이하기 위해서 예루살렘 성전으로 가셨다. 축제를 마친

후 마리아와 요셉은 예수님을 성전에 두고 하룻길을 오다가 다시 성전으로 가서 예수님을 찾으시는 광경이다. 예수님은 그때부터 벌써 성전에서 학자들 한복판에서 저들의 말을 듣기도 하고 묻기도 하시면서 그분의 뚜렷한 지혜를 드러내셨다.

"구하오니 성모님은 하느님께 빌어 주시어, 저희로 하여금 예수님을 찾아 얻게 하시며, 순명하는 덕을 주시게 하소서."

2. 빛의 신비

그리스도는 공생활 중에 당신을 빛의 신비로서 드러내셨다. 요한 바오로 2세 성인 교황에 의해 추가된 빛의 신비는 그리스도의 공생활 가운데 가장 중요한 사건들을 묵상한다.

1단 예수님께서 세례 받으심을 묵상합시다

예수님께서 세례를 받으려고 요르단 강으로 요한 세례

자를 찾아왔다. 요한은 예수님께 세례 베풀기를 망설이지만 하느님의 뜻을 이루어야 한다는 예수님의 말씀을 듣고 세례를 베풀었다.

죄를 모르시지만 우리를 위하여 "죄 있는" 분이 되신 예수님께서 세례를 받으려고 물속으로 걸어 들어가실 때, 하늘에서는 "너는 내가 사랑하는 아들, 내 마음에 드는 아들이다." 하고 선언하시는 하느님의 목소리가 들려왔다. 또 성령께서는 비둘기 모양으로 예수님께 내려왔고, 천사들은 예수님께서 삼위일체인 하느님 가운데 한 분이라는 것을 말하였다.

"구하오니 성모님은 하느님께 빌어 주시어 저희로 하여금 하느님의 뜻을 실천하는 용기를 주시게 하소서."

2단 예수님께서 카나에서 첫 기적을 행하심을 묵상합시다

성모님이 카나에 사는 친척집의 혼인 잔치에 참석하셨다.

일주일 동안 계속되는 혼인 잔치 도중 포도주가 다 떨어졌다. 그리고 그때에 예수님께서 제자들과 그곳을 방문하셨다. 성모님께서는 예수님께 포도주가 다 떨어진 것을 알리고, 예수님은 어머니에게 아직 때가 되지 않았다고 대답하셨다. 하지만 성모님은 시중꾼들에게 "무엇이든지 그가 시키는 대로 하여라." 하고 말씀하셨고, 예수님께서는 "항아리 여섯 개에 물을 가득 채워 과방장에게 가져가라."고 이르셨다. 물은 어느 새 맛 좋은 포도주로 변해 있었다. 성모님의 전구로 예수님께서는 물을 포도주로 변화시키시고, 제자들의 마음을 신앙으로 열어 주셨다.

"구하오니 성모님은 하느님께 빌어 주시어 저희에게 신앙의 덕을 주시게 하소서."

3단 예수님께서 하느님 나라를 선포하심을 묵상합시다

예수님께서는 열두 제자와 함께 여러 도시와 마을을 두루 다니시며 하느님 나라가 다가왔다고 선포하셨다. 예수님께서는 여러 가지 비유를 통하여 하느님 나라를 가르치셨고, 병자들을 고쳐 주시며 삶을 통해 모범을 보여 주셨다. 또한 가장 완전한 기도인 주님의 기도를 가르쳐 주셨으며 사람들의 회개를 촉구하셨다. "때가 차서 하느님의 나라가 가까이 왔다. 회개하고 복음을 믿어라."

"구하오니 성모님은 하느님께 빌어 주시어 저희가 하느님 나라의 상속자가 될 수 있게 하소서."

4단 예수님께서 거룩하게 변모하심을 묵상합시다

예수님께서는 베드로와 요한과 야고보를 데리고 산으로 올라가 그들의 믿음을 위하여 수난 당하실 당신의 영광스러운 참된 모습을 보여 주신다. 예수님께서 기도하시는 동안 그 모습은 변하고 옷은 눈부시게 빛났다. 영광에 쌓여 나타난 모세와 엘리야가 예수님께서 예루살렘에서 이루실 일, 곧 세상을 떠나실 일에 관해 예수님과 이야기를 나눈다. 잠에 빠져 있던 베드로와 두 사도는 깨어나 예수님의 거룩한 변모를 보고, 구름 속에서 들려오는 소리를 듣는다. "이는 내가 선택한 아들이니 너희는 그의 말을 들어라." 제자들은 침묵을 지켜, 자기들이 본 것을 그때에는 아무에게도 알리지 않았다.

"구하오니 성모님은 하느님께 빌어 주시어 저희들이 고통의 쓴 잔을 피하지 않게 하소서."

5단 예수님께서 성체성사를 세우심을 묵상합시다

무교절 날이 오자 예수님께서 파스카 음식을 차리도록 베드로와 요한을 예루살렘 성 안으로 보내셨다. 그날 저녁 예수님께서는 열두 제자들과 함께 예루살렘의 다락방에서 첫 미사를 거행하셨다. 예수님께서는 빵을 들고 찬미를 드리신 다음, 그것을 떼어 제자들에게 주시며 말씀하셨다. "받아라. 이는 내 몸이다." 또 잔을 들어 감사를 드리신 다음 제자들에게 주시며 말씀하셨다. "이는 많은 사람을 위하여 흘리는 내 계약의 피다." 예수님께서는 제자들에게 이별의 슬픔과 재회의 기쁨을 말씀하신 다음, 제자들의 일치를 위하여 아버지께 간절히 기도하셨다.

"구하오니 성모님은 하느님께 빌어 주시어 우리 모두가 한 마음 한 몸이 될 수 있도록 사랑의 나눔에 앞장서게 하소서."

3. 고통의 신비

빛의 신비가 끝나면서 이제부터는 고통의 신비를 묵상

하게 되는데, 여기서는 주로 그리스도의 십자가의 생애가 중심이 되고 있다.

1단 예수님께서 우리를 위하여 피땀 흘리심을 묵상합시다

예수님이 제자들과 함께 최후 만찬을 끝마친 다음 겟세마니 동산으로 오신다. 이제 곧 악당들로부터 당해야 할 고통을 생각하시면서 근심하고 슬퍼하신다. 그리스도는 "내 마음이 너무 괴로워 죽을 지경이다. 너희는 여기에 남아서 깨어 있어라."하시면서, 이어서 "이 잔을 저에게서 거두어 주십시오. 그러나 제가 원하는 것을 하지 마시고 아버지께서 원하시는 것을 하십시오."하시면서, 성부의 뜻이라면 십자가를 달갑게 받겠다는 뜻을 표시하신다.

"구하오니 성모님은 하느님께 빌어 주시어, 저희가 온전히 하느님의 뜻에 맞갖게 살게 하소서."

2단 예수님께서 우리를 위하여 매 맞으심을 묵상합시다

드디어 군사들은 예수님을 태형틀이 있는 안마당으로 끌고 들어간다. 군사들은 예수의 옷을 벗기고 형틀에 잡아매 모질게 후려친다. 예수님은 우리 죄를 대신해서 무서운 매질을 당하고 계신다. 우리도 여기에서 세상에서 당하는 모든 고통을 우리 죄 보속을 위해서 열심히 참아 받아야 함을 묵상하게 된다.

"구하오니 성모님은 하느님께 빌어 주시어, 저희에게 인내하는 덕을 주시게 하소서."

3단 예수님께서 우리를 위하여 가시관 쓰심을 묵상합시다

야수 같은 로마 군인들은 그리스도에게 매질만으로는 만족하지 않았다. 그리스도를 보고 "자칭 왕"이라고 하던 자라면서 왕관을 씌워야 한다고 떠들어 댄다. 그들은 드디어 뾰족하고 긴 가시가 돋은 나뭇가지로 관을 만들어 거룩한 예수님의 머리 위에 마구 눌러 씌운다. 그러고는 얼굴에 침을 뱉으면서 조롱하기 시작했다.

"구하오니 성모님은 하느님께 빌어 주시어, 저희에게도 그리스도와 같이 능욕을 참아 받는 덕을 주시게 하소서."

4단 예수님께서 우리를 위하여 십자가 지심을 묵상합시다

사형 선고를 받은 그리스도께서는, 당신이 죽어야 할 십자가를 어깨에 메고 가신다. 지친 몸으로 무거운 십자가를 지신 그리스도께서는 세 번이나 쓰러지셨지만, 우리 죄를 위한 구속 사업의 완성을 위해서 끝까지 지고 골고타 산상에까지 이르신다. 우리도 세상에서 유혹에 떨어져 쓰러질지라도 끝까지 일어나서 가야 함을 묵상해야 하겠다.

"구하오니 성모님은 하느님께 빌어 주시어, 저희도 그리스도와 같이 십자가를 질 수 있는 용덕을 주시게 하소서."

5단 예수님께서 우리를 위하여 십자가에 못 박혀 돌아가심을 묵상합시다

드디어 그리스도께서는 십자가에 못 박히시고, 우리를

위해서 운명하신다. 그러나 그리스도께서는 십자가에 달리시어 이렇게 기도하신다. "아버지, 저들을 용서해 주십시오. 저들은 자기들이 무슨 일을 하는지 모릅니다." 최후까지 원수를 사랑하시는 그리스도의 말씀 앞에 우리는 고개를 숙이지 않을 수 없다.

"구하오니 성모님은 하느님께 빌어 주시어, 저희에게도 원수를 사랑할 수 있는 덕을 주소서."

4. 영광의 신비

그리스도의 고통은 영광을 가져다주는 것이었다. 고통이 고통으로 끝나지 않고 부활의 영광을 가지고 온 것이다.

1단 예수님께서 부활하심을 묵상합시다

그리스도의 부활은 죽음과 악마, 죄악에 대한 완전한 승리였다. 따라서 그리스도의 부활은 우리가 부활할 수 있다는 보증을 주는 것이며, 동시에 우리 신앙의 기본 문제이기도 하다. 그리고 부활은 십자가 고통의 대가로 나타난 영광스런 것이었기에, 영광의 신비 1단에서 그리스도의 부활을 묵상한다. 특히 우리는 부활에 관한 굳센 믿음이 필요하기 때문에 여기서 다음과 같이 기도를 해야 하겠다.

"구하오니 성모님은 하느님께 빌어 주시어, 저희에게도 믿음의 굳셈을 주시게 하소서."

2단 예수님께서 승천하심을 묵상합시다

부활하신 그리스도께서는 당신 영광을 얻기 위해서 하늘 나라로 올라가신다. 주님 승천은 역시 우리에게도 승천의 은혜가 있음을 일러 주는 좋은 교훈이 아닐 수 없으며, 이것은 또한 우리의 마지막 희망이다. 여기서는 우리의 희망이 언제나 그리스도의 승천과 한가지로 생생하게 살아 있기 위해서 다음과 같이 기도해야 한다.

"구하오니 성모님은 하느님께 빌어 주시어, 저희에게도 천국을 그리워하는 망덕의 견고함을 주시게 하소서."

3단 예수님께서 성령을 보내심을 묵상합시다

그리스도께서는 승천하시기 전에 당신 제자들에게 진리의 성령을 보내시겠다고 약속하셨다. 그리스도의 약속대로 승천 후 10일 만에 성령이 제자들을 위해 불혀 모양으로 내려오셨다. 성령을 받은 제자들은 모든 두려움이 없어지고 그리스도를 전파하는 데 용감한 사도들이 된 것이다. 성령은 그리스도께서 세우신 교회가 잘못되지 않도록 인도하시며, 사람의 영혼을 성화시킴으로써 그리스도의 구속 사업을 완성하신다.

"구하오니 성모님은 하느님께 빌어 주시어, 저희에게 사람의 영혼을 구하려는 열정을 주시게 하소서."

4단 예수님께서 마리아를 하늘에 불러올리심을 묵상합시다

그리스도께서 승천하신 다음 마리아는 요한 사도와 같이 지내셨다. 마리아께서 돌아가실 즈음에 다른 제자들은 모두 마리아의 임종을 보았으나, 토마스 사도 만은 그 기회를 놓치고 늦게서야 돌아왔다. 토마스는 마리아의 시신이라도 보기를 원해서 성모님을 장사 지낸 그 무덤을 파 보았지만 성모님의 시신은 없었다. 제자들은 성모님의 아들인 그리스도께서 죄라고는 한 점도 없는 당신 모친의 몸이 땅에서 썩도록 버려 두시지 않았음을 알았다. 성모님은 육신 채로 승천하는 은혜를 받은 것이다.

"구하오니 성모님은 하느님께 빌어 주시어, 저희로 하여금 당신을 더욱 정성으로 공경케 하시며, 당신의 아름다운 덕을 본받게 하소서."

5단 예수님께서 마리아께 천상 모후의 관을 씌우심을 묵상합시다

성모님은 영혼과 육신이 함께 하늘로 개선하듯 올리심을 받으셨다. 거기서 성모님은 당신 아들 성자의 다음 자리에 앉으시며 모든 천사들과 모든 사람들의 여왕님으로 면류관을 받으신다. 그래서 성모님은 언제나 우리 기도의 전달자로서 당신 아들의 영광을 길이길이 드러내신다. 우리가 이와 같은 장디 꽃다발을 바치면 성모님께서는 하느님의 은총을 더욱 많이 전달해 주신다.

이제 우리는 다음과 같이 기도하면서 묵주 기도의 신비를 끝맺는다.

"구하오니 성모님은 하느님께 빌어 주시어, 저희에게 신앙생활에 항구하는 마음을 주시게 하소서."

매일같이 "묵주 기도" 5단을 바치는 사람들은 그 현의를 다음과 같이 분류해서 묵상한다. 즉 월요일과 목요일은 환희의 신비를, 화요일과 금요일은 고통의 신비를, 수요일과 일요일은 영광의 신비를 각각 묵상하면서 묵주 기도를 바친다. 하지만 빛의 신비가 추가됨으로써 요한 바오로 2세 성인 교황은 가능한 한 환희의 신비와 고통의 신비 사이에 빛의 신비를 바칠 것을 권고하면서도 월요일은 환희의 신비를, 화요일은 고통의 신비를, 수요일은 영광의 신비를, 목요일에는 빛의 신비를, 금요일은 고통의 신비를, 토요일은 환희의 신비를, 일요일은 영광의 신비를 바칠 것을 권고했다. 그러나 신비 선택은 자유롭게 할 수 있으며 꼭 5단을 바쳐야 하는 것도 아니다. 경우에 따라 1단이나 2단 만을 바칠 수도 있다.

식사 전 기도

+ 주님, 은혜로이 내려 주신 이 음식과
저희에게 강복하소서.
우리 주 그리스도를 통하여 비나이다.
◎ 아멘.

음식은 생명과 같은 것이다. 우리는 음식을 통해서 생명을 유지하기 때문이다. 우리 생명도 하느님이 주셨고 생명을 위해서 먹는 음식도 하느님이 주신 것이다. 이 세상에 있는 오곡백과 모든 것이 우리의 생명 때문에 있는 것이고 이것을 끼니마다 주님이 주시는 것이다. 곡식이 익지 않고 과일이 여물지 않는다면 우리는 어떻게 살 수 있겠는가? 일 년 사 계절이 없다면 어떻게 되겠는가? 이 모든 것이 주님의 은혜요 축복이다. 그래서 식사하기 전에 우리의 생명과 연관된 음식의 축복과 함께 우리의 축복을 기원한다.

식사 후 기도

+ 전능하신 하느님,

저희에게 베풀어 주신

모든 은혜에 감사하나이다.

◎ 아멘.

+ 주님의 이름은 찬미를 받으소서.

◎ 이제와 영원히 받으소서.

+ 세상을 떠난 모든 이가

하느님의 자비로 평화의 안식을 얻게 하소서.

◎ 아멘.

> 전능하신 하느님,
> 저희에게 베풀어 주신
> 모든 은혜에 감사하나이다

우리가 받은 생명도 우리가 누리는 세상의 모든 것도 하느님이 주신 것이다. 우리가 오늘 하루를 산다는 것도 모두가 하느님의 은혜이다. 오늘 먹은 이 음식이 새 생명을 위해서 필요한 바, 이 모든 것은 주님이 주신 것이니 감사해야 한다.

바오로 사도는 이렇게 말하였다.

"말이든 행동이든 무엇이나 주 예수님의 이름으로 하면서, 그분을 통하여 하느님 아버지께 감사를 드리십시오."(콜로 3,17)

> 주님의 이름은 찬미를 받으소서
> 이제와 영원히 받으소서

이름은 그 사람의 인격을 상징한다. 하느님의 이름은 곧 하느님께 대한 존경과 경의가 포함된다. 이름을 찬미한다는 것은 곧 하느님을 찬미한다는 뜻이다. 식사가 끝나고 생명으로 가득 찬 우리의 삶은 하느님께 찬미를 드리는 삶이 되어야 한다는 뜻이다.

세상을 떠난 모든 이가
하느님의 자비로 평화의 안식을 얻게 하소서

식사 후에 죽은 이를 위해 기도한다는 것은 대단히 큰 의미가 있다. 식사와 생명은 연결되어 있듯이 죽은 영혼들이 주님의 생명을 받아야 하는 것과도 연결이 된다. 살아 있는 우리가 연옥의 영혼을 위해 기도하는 것은 대단히 중요한 일이다. 우리의 기도가 없이는 연옥 보속이 빨리 풀어지지 않기 때문이다. 이것은 세상 사람들이 연옥 영혼을 위해서 기도하고 우리의 기도로 승천한 영혼은 천국에서 우리를 위해서 기도하면서 한몫을 연상케 하는 이른바 "성인 통공"의 교리에서 나오는 것이다.

일을 시작하며 바치는 기도

○ 오소서, 성령님.

저희 마음을 성령으로 가득 채우시어

저희 안에 사랑의 불이 타오르게 하소서.

● 주님의 성령을 보내소서. 저희가 새로워지리이다.

또한 온 누리가 새롭게 되리이다.

+ 기도합시다.

하느님, 성령의 빛으로 저희 마음을 이끄시어

바르게 생각하고

언제나 성령의 위로를 받아 누리게 하소서.

우리 주 그리스도를 통하여 비나이다.

◎ 아멘.

> 오소서, 성령님.
> 저희 마음을 성령으로 가득 채우시어
> 저희 안에 사랑의 불이 타오르게 하소서

일을 하기 전에 성령의 은혜를 구하는 것은 대단히 중요한 의미가 있다. 신학적인 표현을 한다면 성부께서는 창조 사업을, 성자께서는 구원 사업을, 성령께서는 성화 사업을 하신다고 설명한다. 성부, 성자의 사업을 완성하시는 성령이시기 때문에 성령의 은혜를 구하면서 일을 시작하는 것은 우리 그리스도인 정신의 기본이다.

> 주님의 성령을 보내소서. 저희가 새로워지리이다
> 또한 온 누리가 새롭게 되리이다

성자께서 승천하신 다음 열두 사도가 10일 후에 성령을 받고 새로운 세상을 만들기 시작했다. 성령은 세상을 변화시키는 능력을 주시기에 우리가 하는 일이 성령의 은혜로 날로 새롭게 발전하기를 기원한다.

기도합시다.

하느님, 성령의 빛으로 저희 마음을 이끄시어

바르게 생각하고

언제나 성령의 위로를 받아 누리게 하소서.

성령의 빛을 받으면 모든 일이 바로 풀리고 일이 잘되어 가기 때문이다. 우리는 일을 하다가 자칫 생각을 잘못한다든지 제대로 그 일의 의미를 깨닫지 못하면 큰 실수를 하게 된다. 따라서 나도 손해를 보고 세상 사람들에게도 해를 줄 수 있기 때문에 일을 하면서 언제나 성령의 빛을 구하고 성령의 가르침대로 일을 해서 풍성한 결실이 있기를 기원하는 기도이다.

일을 마치고 바치는 기도
(성모님께 보호를 청하는 기도)

○ 천주의 성모님,

당신의 보호에 저희를 맡기오니

어려울 때에 저희의 간절한 기도를 외면하지 마시고

항상 모든 위험에서 저희를 구하소서.

영화롭고 복되신 동정녀시여.

일을 마친 다음 우리는 가끔 지나친 성취감에서 교만해질 수 있고 또 재물과 연결되어 세속의 유혹을 받을 수 있다. 그래서 어려울 때는 옛날부터 성모님의 도움을 청하는 기도를 바쳐 왔다. 성모송의 경우 비슷하게 모든 위험에서 우리를 도와주시는 성모님의 기도로 일을 끝맺는다.

아침 기도

(십자 성호를 그으며)

+ 성부와 성자와 성령의 이름으로.

◎ 아멘.

○ 하늘에 계신 우리 아버지,

아버지의 이름이 거룩히 빛나시며

아버지의 나라가 오시며

아버지의 뜻이 하늘에서와 같이

땅에서도 이루어지소서!

● 오늘 저희에게 일용할 양식을 주시고

저희에게 잘못한 이를 저희가 용서하오니

저희 죄를 용서하시고

저희를 유혹에 빠지지 않게 하시고

악에서 구하소서.
◎ 아멘.

◎ 하느님, 저를 사랑으로 내시고

저에게 영혼 육신을 주시어

주님만을 섬기고 사람을 도우라 하셨나이다.

저는 비록 죄가 많사오나

주님께 받은 몸과 마음을 오롯이 도로 바쳐

찬미와 봉사의 제물로 드리오니

어여삐 여기시어 받아 주소서.

아멘.

+ 우리 주 하느님께 권능과 영광

지혜와 굳셈이 있사오니

찬미와 감사와 흠숭을 영원히 받으소서.

◎ 아멘.

+ 전능하신 하느님,

오늘도 저희 생각과 말과 행위를

주님의 평화로 이끌어 주소서.

◎ 아멘.

하느님, 저를 사랑으로 내시고

하느님이 인간을 창조하신 것은 당신의 사랑을 나누고 전하심이다. 하느님의 사랑이 흘러 넘쳐 사랑의 물방울이 이 세상에 떨어진 것이 곧 사람이다. 그래서 우리가 궁극적으로 하느님의 사랑에 참여하는 것이 우리 삶의 전부이다. 사랑은 영원한 것이다. 그래서 우리는 영원한 사랑을 목말라한다. 사랑하는 부인이 옆에 있고 사랑하는 남편이 그리고 자녀들이 옆에 있어도 우리는 사랑의 갈증을 느낀다. 우리가 추구하는 영원한 사랑은 하느님만이 채워 주실 수 있기 때문이다. 그래서 신학자들은 하느님의 사랑으로 인류 창조가 시작되었고 그 사랑으로 우리의 영원한 구원이 이루어진다고 한다.

저에게 영혼 육신을 주시어

인간은 영혼과 육체로 결합되어 있다. 우리가 지닌 영혼은 곧 하느님의 모상을 닮은 귀한 것이다. 그래서 하느님의 영원한 생명과 영원한 사랑에 참여하게 된다.

주님만을 섬기고 사람을 도우라 하셨나이다

우리가 창조된 목적은 주님의 뜻에 따라 행동하고 참으로 영원한 주님의 나라를 차지하는 것이다. 우리의 전 존재가 주님의 것이기에 주님의 가르침대로 살아야 한다. 성경에서는 가장 귀중한 계명이 주님을 사랑하고 사람을 사랑하는 것이라고 한다. 그래서 아침 기도에 주님의 귀한 뜻을 되새기기 위해서 "주님을 섬기고 사람을 도우라"라는 기도로 시작한다.

> 저는 비록 죄가 많사오나
> 주님께 받은 몸과 마음을 오롯이 도로 바쳐
> 찬미와 봉사의 제물로 드리오니
> 어여삐 여기시어 받아 주소서

나는 비록 부족한 존재이지만 오늘 하루를 살아가면서 나의 작은 희생의 제물을 바쳐 하루의 일과를 하느님께 봉헌한다는 뜻이다. 그러니까 우리는 오늘 하루의 모든 일과를 주님께 오롯이 바치는 각오로 하루를 시작해야 한다.

> 우리 주 하느님께 권능과 영광
> 지혜와 굳셈이 있사오니
> 찬미와 감사와 흠숭을 영원히 받으소서

하느님께 찬미와 영광이 있어야 한다는 것은 우리의 일과가 하느님의 영광으로 일관되어야 한다는 뜻이다. 오늘 우리가 당할 모든 것을 주님의 영광을 위해서 바치겠다는 각오가 있어야 한다.

전능하신 하느님,

오늘도 저희 생각과 말과 행위를

주님의 평화로 이끌어 주소서

오늘 하루 종일 내가 해야 할 일과 말들이 주님의 뜻에 따르는 것이 되어 결과적으로 기쁨과 평화로 일과가 끝나기를 바란다. 흔히 우리는 자기 감정대로 또는 자기 기분대로 말을 하고 행동을 해서 하느님과 이웃에게 잘못할 수 있기 때문이다.

저녁 기도

(십자 성호를 그으며)

✚ 성부와 성자와 성령의 이름으로.

◎ 아멘.

✚ 주님, 오늘 생각과 말과 행위로 지은 죄와

의무를 소홀히 한 죄를 자세히 살피고

그 가운데 버릇이 된 죄를 깨닫게 하소서.

(잠깐 반성한다.)

◎ 하느님,

제가 죄를 지어

참으로 사랑받으셔야 할

하느님의 마음을 아프게 하였기에

악을 저지르고 선을 멀리한 모든 잘못을

진심으로 뉘우치나이다.
하느님의 은총으로 속죄하고
다시는 죄를 짓지 않으며
죄지을 기회를 피하기로 굳게 다짐하오니
우리 구세주 예수 그리스도의 수난 공로를 보시고
저에게 자비를 베풀어 주소서.
아멘.

○ 하느님, 하느님께서는 진리의 근원이시며
그르침이 없으시므로
계시하신 진리를
교회가 가르치는 대로 굳게 믿나이다.

● 하느님, 하느님께서는 자비의 근원이시며
저버림이 없으시므로
예수 그리스도의 공로를 통하여 주실
구원의 은총과 영원한 생명을 바라나이다.

○ 하느님, 하느님께서는 사랑의 근원이시며
한없이 좋으시므로

마음을 다하여 주님을 사랑하며
이웃을 제 몸같이 사랑하나이다.

✛ 하늘에 계신 우리 아버지,
오늘 하루도 이미 저물었나이다.
이제 저희는 구세주 예수 그리스도를 통하여
모든 천사와 성인과 함께 주님을 흠숭하며
지금 이 순간까지 베풀어 주신
주님의 사랑에 감사하나이다.
◎ 아멘.

✛ 전능하신 천주

(십자 성호를 그으며)

성부와 성자와 성령께서는
저희에게 강복하시고 지켜 주소서.
◎ 아멘.

하루 일과를 마치고 저녁에 잠들기 전에 오늘의 과오를 반성하는 기도이다. 특히 "버릇이 된 죄"를 깨닫도록 기도한다. 예컨대 자주 마음의 죄를 범한다든지 습관적으로 신경질을 내어 주위 사람에게 마음의 상처를 준 나쁜 버릇에 대한 반성이다.

인간은 그 자체가 불완전하기 때문에 죄를 지을 수 있다. 그러나 문제는 그 처리를 어떻게 하느냐에 따라 인간은 모습이 달라진다. 잘못한 다음 그것을 반성하고 뉘우쳐서 새로운 삶으로 발전해야 한다. 하루의 일과가 끝나면 그 날의 모든 것을 청산하는 습관이 필요하다. 그래서 성인들은 이렇게 교훈한다.

"오늘 하루가 너에게는 마지막 날이라고 생각하라."

얼마나 좋은 교훈인가!

하루가 끝나고 반성하게 되면 잘한 것보다 잘못된 것이 더 많을 것이다. 그래서 저녁 기도는 하루의 생활을 반성하고 이어서 "통회 기도"를 바친다. 그러고는 다시 한 번 하느님에 대한 믿음과 희망 그리고 그분의 계명인 사랑의 실천을 다짐하면서 향주 삼덕(신덕송, 망덕송, 애덕송)의 기도를 바친다.

> 하늘에 계신 우리 아버지,
> 오늘 하루도 이미 저물었나이다
> 이제 저희는 구세주 예수 그리스도를 통하여
> 모든 천사와 성인과 함께 주님을 흠숭하며
> 지금 이 순간까지 베풀어 주신
> 주님의 사랑에 감사하나이다

오늘 하루가 무사한 것에 대한 감사의 기도이다. 천사 성인들을 나열하는 것은 역시 그리스도의 큰 공동체에서 이루어지는 하느님의 업적을 기억하기 위해서이다.

> 전능하신 천주
> 성부와 성자와 성령께서는
> 저희에게 강복하시고 지켜 주소서

끝으로 주님의 축복을 받아 오늘 밤도 죄를 짓지 않고 주님의 은총으로 행복한 밤이 되기를 주님께 강복을 청하면서 저녁 기도는 끝난다. 사제들이 바치는 성무 일도의 끝기도의 강복은 이렇게 마감한다.

"전능하신 천주 성부와 성자와 성령은 이 밤을 편히 쉬게 하시고 거룩한 죽음을 맞게 하소서."

고해성사

1. 먼저, 고해자는 지은 죄를 모두 알아내고
2. 진정으로 뉘우치며
3. 다시는 죄를 짓지 않기로 굳게 결심하고
4. "고백 기도"와 "통회 기도"를 바친다.

(십자 성호를 그으며)

● 성부와 성자와 성령의 이름으로.

아멘.

† 하느님께서 우리 마음을 비추어 주시니

하느님의 자비를 굳게 믿으며

그동안 지은 죄를 사실대로 고백하십시오.

● 아멘.

● 고해한 지 (며칠, 몇 주일, 몇 달) 됩니다.

(알아낸 죄를 낱낱이 고백한다.)

(죄를 고백한 다음)

● 이 밖에 알아내지 못한 죄도 모두 용서하여 주십시오.

(사제는 고해자에게 통호를 하도록 권고하고 보속을 준다.)

(필요하다면 고해자에게 아래의 통회 기도를 바치게 할 수 있다.)

● 하느님,

제가 죄를 지어

참으로 사랑받으셔야 할

하느님의 마음을 아프게 하였기에

악을 저지르고 선을 멀리 한 모든 잘못을

진심으로 뉘우치나이다.

하느님의 은총으로 속죄하고

다시는 죄를 짓지 않으며

죄지을 기회를 피하기로 굳게 다짐하오니

우리 구세주 예수 그리스도의 수난 공로를 보시고

저에게 자비를 베풀어 주소서.

(사제는 고해자의 머리 위에 두 손을 얹거나 적어도 오른손을 펴 들고 사죄경을 외운다.)

+ 인자하신 천주 성부께서는
성자의 죽음과 부활로
세상을 당신과 화해시키시고
죄를 용서하시려고 성령을 보내 주셨으니
교회의 직무를 통하여
몸소 이 교우에게 용서와 평화를 주소서.

나도 성부와 ✠ 성자와 성령의 이름으로
이 교우의 죄를 용서합니다.
● 아멘.

(고해자가 죽을 위험이 있으면, 사죄경의 핵심 구절만 아래와 같이 할 수 있다.)

+ 나는 성부와 ✠ 성자와 성령의 이름으로
이 교우의 죄를 용서합니다.
+ 주님은 좋으신 분이시니 찬미합시다.

● 주님의 자애는 영원하시다.

+ 주님께서 죄를 용서해 주셨습니다.

평화로이 가십시오.

● 감사합니다.

고해한 지 (며칠, 몇 주일, 몇 달) 됩니다

우리는 세례성사를 받으면 원조들이 범한 원죄와 우리가 범한 본죄 모두 사함을 받는다. 영세 후에 우리가 범하는 죄는 고해성사로 사함을 받을 수 있다.

신자들은 사죄권이 있는 사제 앞에 가서 지난번 고해한 지 얼마나 되었다는 사실을 먼저 이야기하고 그 이후로 범한 죄를 낱낱이 고한다. 고해성사는 죄인이 받는 재판이기 때문에 죄를 밝힌 다음 벌을 받고 죄 사함을 받는다.

고해성사는 한편, 영혼의 상처를 치유하는 치유의 성사이기에 환자가 병을 고치기 위해서는 의사 앞에 증세를 낱낱이 이야기해야 하듯이 고해 신부 앞에 범한 죄를 하나하나 다 고백해야 한다. 죄의 고백은 먼저 자신이 가장 크다고 생각되는 죄부터 범죄의 사실을 재판장이 알아들을 수 있도록 고백해야 한다.

> 이 밖에 알아내지 못한 죄도
> 모두 용서하여 주십시오

> 하느님,
> 제가 죄를 지어
> 참으로 사랑받으셔야 할
> 하느님의 마음을 아프게 하였기에
> 악을 저지르고 선을 멀리한 모든 잘못을
> 진심으로 뉘우치나이다
> 하느님의 은총으로 속죄하고
> 다시는 죄를 짓지 않으며
> 죄지을 기회를 피하기로 굳게 다짐하오니
> 우리 구세주 예수 그리스도의 수난 공로를 보시고
> 저에게 자비를 베풀어 주소서

자기가 반성한 죄를 다 고한 다음 혹시 알아내지 못한

빠진 죄도 있는 것 같기에 나머지 죄도 용서해 달라는 뜻이다. 고해소에서 일단 죄를 고하고 나와서 생각해 보니 고백을 못한 죄가 있을 수 있다. 이것은 일단 간접적으로 사함을 받았으니 다시 고해소로 들어갈 필요는 없다. 다음 고해 때 "전번에 빠진 죄"라고 하면서 고백하면 된다.

고해성사는 자신의 잘못을 깊이 반성해서 알아낸 죄에 대해서 진심으로 뉘우치는 마음이 있어야 한다. 그리고 다음으로 다시는 그런 죄를 짓지 않겠다는 결심이 서야 한다. 그리고 죄를 고백한 다음 고해 신부의 권고와 보속을 듣고 나서 "통회 기도"를 바친다.

그러면 사제는 다음과 같이 사죄경을 외운다.

> 인자하신 천주 성부께서는,
> 성자의 죽음과 부활로
> 세상을 당신과 화해시키시고
> 죄를 용서하시려고 성령을 보내 주셨으니
> 교회의 직무를 통하여
> 몸소 이 교우에게 용서와 평화를 주소서.
>
> 나도 성부와 ✠ 성자와 성령의 이름으로

이 교우의 죄를 용서합니다.

고해 신부는 그리스도께서 사도들에게 주신 사죄권을 행사한다.

"성령을 받아라. 너희가 누구의 죄든지 용서해 주면 그가 용서를 받을 것이고, 그대로 두면 그대로 남아 있을 것이다."(요한 20, 22-23)

이렇게 죄를 사해 주려고 세상에 오신 그리스도는 사도들에게 죄를 사해 주는 권리를 주시고 교회는 그것을 지금까지 보존하고 있다. 신부가 개인 자격이나 권위로 죄를 사해 주는 것이 아니다. 법정의 법관들이 자기들의 개인 자격으로 죄를 판단하지 않고 국가로부터 사법권을 받아서 죄를 판단하는 것처럼 신부는 교회로부터 받은 사죄권에 의해서 고해성사를 집행하는 것이다. 법관이 죄를 지으면 또 다른 법관들로부터 재판을 받듯이 신부도 죄인이기 때문에 다른 신부를 찾아가서 고해성사를 받는다. 주교도 교황도 마찬가지다.

한마디로 천주교에서만이 그리스도로부터 사죄권이 전승되어 오기 때문에 고해성사가 있다.

+ 주님은 좋으신 분이시니 찬미합시다.

● 주님의 자애는 영원하시다.

+ 주님께서 죄를 용서해 주셨습니다.

평화로이 가십시오.

● 감사합니다.

  주님의 자비로 죄의 용서를 받은 기쁨이다. 죄에서 해방이 되어 이제는 자유의 몸이 된 것이다. 그래서 주님께 찬미와 감사를 드리면서 고해성사는 끝난다.